U0502970

THE WORKPLACE GUIDE TO TIME MANAGEMENT

BEST PRACTICES TO MAXIMIZE PRODUCTIVITY

[美] 菲比·加文（Phoebe Gavin）著　邓星悦 译

中国科学技术出版社
·北　京·

The Workplace Guide to Time Management: Best Practices to Maximize Productivity by Phoebe Gavin
Copyright © 2021 by Rockridge Press, Emeryville, California
Pattern used under license from iStockphoto.com
Author photo courtesy of Victoria Fleische
First Published in English by Rockridge Press, an imprint of Callisto Media, Inc.

北京市版权局著作权合同登记　图字：01-2022-1527

图书在版编目（CIP）数据

职场效率手册 / （美）菲比·加文著；邓星悦译
. — 北京：中国科学技术出版社，2022.6
书名原文：The Workplace Guide to Time Management: Best Practices to Maximize Productivity

ISBN 978-7-5046-9534-5

Ⅰ. ①职… Ⅱ. ①菲… ②邓… Ⅲ. ①时间—管理
Ⅳ. ①C935

中国版本图书馆 CIP 数据核字（2022）第 064322 号

策划编辑	申永刚　刘　畅
责任编辑	申永刚
版式设计	蚂蚁设计
封面设计	马筱琨
责任校对	张晓莉
责任印制	李晓霖

出　　版	中国科学技术出版社
发　　行	中国科学技术出版社有限公司发行部
地　　址	北京市海淀区中关村南大街 16 号
邮　　编	100081
发行电话	010-62173865
传　　真	010-62173081
网　　址	http://www.cspbooks.com.cn

开　　本	880mm×1230mm　1/32
字　　数	98 千字
印　　张	6.25
版　　次	2022 年 6 月第 1 版
印　　次	2022 年 6 月第 1 次印刷
印　　刷	北京盛通印刷股份有限公司
书　　号	ISBN 978-7-5046-9534-5/C·196
定　　价	69.00 元

（凡购买本社图书，如有缺页、倒页、脱页者，本社发行部负责调换）

致读者

你的潜力超乎你想象

好好发挥

惊艳世界

序　言

你在24小时内可以做多少事？ 每个人拥有的时间都是一样的，有一些人却能运用他们的时间产生更大的影响力。这并不是因为他们做的事情多，而是因为他们做的事情对，这就是时间管理的精髓：在正确的时间做正确的事。无论你在何处、为何人工作（无论是为企业、非营利组织工作，还是做一名自由职业者），要获得成功，时间管理必不可少。你可能有最佳的想法、最好的产品或最完美的服务，但如果没有时间管理，你在推进事业的过程中就仿佛瘸了一条腿，只能一瘸一拐地冲向成功的终点——如果确实有可能成功。

如果你是一个能够将习惯和反应内化，做事有条理、懂得轻重缓急且不受外界干扰的人，那你就不仅是"优秀的时间管理者"，而是已成为"时间大师"。学会如何做"时间大师"，你就能同时提高工作效率和工作量，从而为你的公司和你自己带来惊人的业绩。在本书中，我将介绍如何运用有科学依据的方法来提升你的时间管理技能，让你成为真正的"时间大师"。掌握这些技能后你将做事有条理，摆脱截止日期的魔咒，提高注意力，学会享受工作。强大的时间管理能力让你更有能力获得自己想要的结果，提升职业声誉，让你在职业生涯中更快成长。

最重要的是，时间管理可以让人获得心理上的平静，而也正是它在这方面给人带来的变革性影响，才使我如此关注时间管理这项能力。我从小便有多动症，同时又缺乏时间管理能力，这导致我从小学到大学始终处于痛苦之中。这项能力缺失造成的影响不仅体现在我的成绩上，更表现在我的心理健康上。我需要服用药物才能集中注意力，但我很难集中精力做该做的事情。一再的失败使我长期处于焦虑、后悔与失望之中。

我在进入职业生涯后遇到了人生中第一个转折点。那是我的第一份工作，在一次绩效考核中，我受到了严厉批评，我感觉我的职业声誉严重受损，难以挽回。几周后我便辞职了。我不希望我的拖延症和不分轻重缓急的问题摧毁我本可以蒸蒸日上的事业。那时我便知道，我需要学习一些技巧来更好地管理时间了。

在寻找第二份工作的过程中，我读了所有我能找到的关于时间管理的心理学图书。我震惊地发现，在做一些能带来长期利益的短期决策时，人类大脑竟能表现得如此差劲。不能很好地管理时间是很常见的现象，这并不能说明我有什么问题。我的大脑只是在兢兢业业地做着它应该做的事，但我可以通过训练让它做得更好。我通过践行本书中的技巧，掌控了我的时间，有了成功的事业。我甚至不再需要服用治疗多动症的药物了。

现在，我会以一名生活及职业教练的身份，教大家如何将时间用在重要的事情上。我会帮助我的客户学会如何避免在琐事（也就是无法使他们进步的事）上浪费时间。我也可以帮助你做到这一点——无论你是职场新人，还是勤勤恳恳的中层经理，抑或是大型公司的首席执行官。无论你是居家工作的自由职业者还是每周工作40小时的办公室上班族，我的一些方法都会对你有所帮助。做任何工作都需要良好的时间管理技能。拥有这项能力还有一个意想不到的好处，你会发现学会掌控时间后，你的个人生活也会因此受益。

本书汇集了我的一些有效的时间管理技巧，希望这些技巧能让你避开我曾陷入过的泥沼，不用再浪费时间，不必试错。既然我能成为"时间大师"，你也可以。

如何使用本书

　　你即将改变你的时间管理方式。把阅读本书想象成一段旅程：一段以提高工作效率为起点，以掌控时间为终点的旅程。我建议你阅读本书时保持记日记的习惯。本书中会有相关活动和练习帮助你厘清思路，做头脑风暴式思考，解决问题。但不要只看练习。要在记日记时做练习，并将练习结果作为学习资源和参考。

　　本书中每一章都以一个故事开头，每一个故事主人公都是我的真实客户，我曾指导他们提高工作效率。我讲述这些故事有双重目的。首先，这些故事可以告诉你，你并不孤独。许多人有自己独特的工作、个性和追求，却也在时间管理方面步履蹒跚。他们并不愚蠢，也并不散漫，自身没有问题。他们缺少的只是时间管理的技巧。其次，这些故事可以告诉你，实现改变是可能的。我的每一位客户后来都极大改善了他们的时间管理能力，并在专业上取得了成功。既然如此，你也可以像他们一样。

在第一章，我将仔细分析你的处境，以及你目前管理时间的方式。我会找出你那些无用的习惯，以及给你的时间管理带来最大挑战的根源。我将与你一起思考改掉坏习惯的重要性，并设想如果你有一套高效的工作系统，你的生活将会如何。

在第二章，我将帮你解决影响工作效率最常见的问题：分散注意力的工作环境和现代科技产品。我将找出办公室环境和居家工作环境中存在的效率陷阱，还会分析现代科技产品如何阻碍人们明智地利用时间。我会帮助你创建一个系统，让你的电子设备从"敌人"变成"盟友"。

在第三章，我将与你一起对设定的目标进行检验。我将介绍如何避免树立让你失败的目标，并学习如何设定切实可行的目标。我将介绍如何确定待办事项的优先顺序，以及如何抵抗让你分心的事。

在第四章，我将介绍工作出错时该怎么办。我将介绍如何规避损失，筹划出错时该怎么做，以及出现重大问题时该怎么做。

在最后一章中，我将整合本书所有内容，制订一个计划。

你可以将制订这个计划作为改变你工作习惯的第一步。

在准备好迈出旅程的下一步时，你可以回顾一下制订计划的过程。

有效的时间管理将对你的生活产生多大的积极影响，我无法言说。但我已在我指导的客户身上目睹了积极的变化。你读完本书后，就能获得一套极其宝贵的技能。你可以最大限度地提高你的工作效率，朝着你最重要的目标迈进，你的工作压力和焦虑也会随之减轻。你终将能够驾驭你最宝贵的资源：时间。

目　录

"我明天要做的第一件事"

在本章中，我会为建立成功的时间管理系统奠定基础。我的出发点是探究时间管理不善的最常见的原因及其影响。世上不会有两个人有完全相同的需求和困难，所以我会从你的具体情况出发，了解其特性。

你可能会很兴奋地想要投入实践，做出改变，但不要跳过这一步。在知道"如何做"之前一定要理解"为什么"，这很重要。我曾经有客户只是匆匆忙忙地浏览了这部分内容或坚持要跳过这一步，结果他们无一例外未能找到问题产生的根源。这就导致他们无法设计出一种有效的时间管理方法。

对于尚未完全明确的问题，你很难制订出有效的解决方案。而你对自己的出发点越清楚，就越能建立一个适合你的时间管理系统。

"周一犯下的错误"

切尔西很受经理格雷格和同事们的喜欢，但她也经常犯错误：她会忘记时间，开会迟到，不按期完成任务。她犯错的次数并不多，但足以让她成为公认的可爱冒失鬼了。但她的主管格雷格已决定不能再任其发展下去了，今年的绩效评估就印证了这一点。

格雷格说："每天工作结束的时候，你需要按时交付自己的工作。客户安排的时间是没有商量余地的。如果你无法交付你的工作，我们就无法推进项目的剩余部分。一旦你无法按期交付，就会让团队的其他成员时间紧张，难以满足客户的时间要求。你时间管理不善对团队来说是一个负担。"

格雷格继续深入挖掘"有待提高"部分的每个要点。切尔西上交的演示材料经常出现错别字；她会忘记完成分配给她的任务。她开会迟到，有时甚至缺席；她会接手很多任务，然后又为没有时间跟进而道歉。

这一切都是因为切尔西无法妥善管理自己的时间。

格雷格放下绩效评估表，然后将其滑过桌子递给切尔西。"你很有才华，切尔西。你有很强的直觉，很有活力，有想法。但我们的客户不会为伟大的想法买单，他们是为强大的执行力买单。你要想办法保证你始终能在截止日期前完成你的工作，并第一时间纠正自己的错误。如果你做不到，这件事情就不只是我们私下谈谈了。我真的不希望到那一步。"

切尔西很清楚格雷格的意思：要与人力资源部进行一些不甚愉快的谈话。

在格雷格概述审查的后续行政步骤时，切尔西思绪万千。绩效评估表中显露出的问题让她不知所措了。

她不想成为团队的负担，更不想被解雇。切尔西热爱她的软件开发工作，并渴望在公司成长，这家公司晋升体系良好。但如果她一直让所有人失望，她怎么能升职呢？切尔西焦虑满怀，她深吸一口气，掩盖住自己失落的情绪。

格雷格站着，皱着眉头。切尔西伸出手来与他握手。她下定决心，看着他的眼睛说："谢谢你的反馈，格雷格。我会解决这个问题的。"

格雷格点点头，离开了房间。

"我一定要解决这个问题。"

现实如此困难

对我们大多数人来说，在办公室实现时间管理是一件很困难的事，因为一般的办公室里到处都是让人分心的陷阱——充斥着各式各样的干扰，还有不切实际的工作量。对于许多人来说，在办公室工作可能会出现如下情况。

你要在下午5点前将报告发送到经理的邮箱。这份报告工程量浩大，所以你提前一小时来到了办公室。现在你可以在办公室热闹起来之前开始工作了。但你的手机一直响个不停，而且现在还不到上午9点。

不断有新电子邮件通知你有新的任务。凯伦每次经过你的办公桌都会给你讲一个故事。你今天还要参加三个会议，但其实都与你无关。艾伦正在隔壁的会议室举办生日聚会。面对如此混乱的局面，你要如何提高工作效率呢？

你想尽力处理好这些干扰因素：查看每一条通知；回复

每一封电子邮件；耐心听凯伦讲她的第三个故事，因为你不想表现得没有礼貌；尽职尽责地参加毫无意义的会议；努力忽略生日派对。

你处理着你的日常事务，应付着接二连三的干扰，在此期间，你的时间未曾在那份报告上做丝毫停留，恐慌也随之而来。人们离开会议室，喧闹声渐渐平息。你终于有时间做该做的事了。但……已经下午4点了？

你闭上眼睛，揉揉太阳穴，然后起身拿起咖啡壶，心想："白天什么正经工作都没干，但报告必须完成，我又要熬夜了。"

找出问题的根源

办公室应该是最适合工作的地方。但是对于大多数人来说，情况恰恰相反：办公室是战场，在这里，你要拼命争取在一天结束之前完成应做的工作。但到了下午5点，我们许多人都无法言说我们究竟做了什么。

为什么？无处不在的干扰使我们无法集中注意力，无法掌握优先顺序，无法践行我们的计划。难怪这么多人苦苦挣扎。

每个人在工作中都会面临这些问题。我在现实指导中经常看到这种现象，你不是一个人。然而，成功的人找到了一种始终能把事情做好的方法。他是如何做到的呢？我们要知道无法完成任务只是一种表象，它反映了一个人们普遍会遇到的问题，那就是时间管理无效。

但你其实可以摆脱这个问题。一旦你透过表象找到问题的根源，你就可以制订出适合自身的解决方案。

虽然这项任务似乎很艰巨，但它所产生的回报值得你付出努力。如果你能够高效地管理自己的时间，你的工作效率会提高，工作压力会减小。但最重要的是，你不会再浪费时间了。相反，你将把时间投入最令人兴奋、最有意义且最重要的工作中。

那么，你要从哪里开始诊断你的时间管理问题，并开始努力成为一名"时间大师"呢？我们一起来探索。

如何记下你的任务？

"时间大师"有一个密闭的系统——可以捕获向他们提出的请求。他们总是知道自己承载了他人的何种期望。"时间大师"的同事可以依靠他们来记住任务、细节和截止日期。

如果你经常忘记工作内容和工作时间，那就说明你的任务记录系统失灵了。我将在第二章中介绍修复任务记录系统的方法。

工作是否多得让你喘不过气？

"时间大师"可以准确地评估一项任务所需的时长，以及他们是否有足够的时间完成。他们知道何时应向同事或主管拿到背景资料。他们还知道，如果一个任务不合时宜，他们应如何表示拒绝或延迟完成。如果你无法做到这些，那就说明你的任务评估系统失灵了。此外，你的沟通能力也有待提升。我将在第二章中谈论如何改善沟通能力。

"时间大师"会不停地、一次又一次地评估任务的重要性。每当有新任务出现时，他们会迅速将其安排在合适的工作日或工作周完成。他们总是将最重要的事情放在首位。他们会主动与同事沟通任务完成的时间。如果你很难做到这一点，那就说明你的优先排序系统失灵了。我将在第三章中谈论解决这个问题的办法。

因为分心，你浪费了多少时间？

"时间大师"会尽力排除工作环境中的干扰。但他们也意识到有一些干扰是不可能完全消除的，于是他们渐渐掌握了帮助自己保持注意力集中的技巧。如果你很难做到这一点，那就说明你的注意力系统失灵了。我将在第三章中介绍帮助你提高注意力的方法。

你是否很难应对外界干扰?

"时间大师"也会遇到意料之外的外界干扰。但这些干扰不会影响他们的工作效率。他们不会制订僵化死板的计划，因为这些计划无法经受住外界干扰的影响。相反，他们会为意外情况做预案，制订出可调整的灵活的计划。如果你很难做到这一点，那就说明你的规划系统失灵了。我将在第四章中介绍修复你的规划系统的方法。

你是否曾尝试过时间管理方法，但因为不管用而放弃了?

时间管理的方法有很多，但并非都适用于你。对于一个不合适的策略和一个有潜力但需要反复实施或坚持的策略，"时间大师"是可以分辨出来的。他们会用不同的方法进行试验，直到形成一个行之有效的系统。你在第五章中将学习如何实现你的专属系统的第一次迭代，并评估其性能，对其进行调整。

常见的问题根源

现代世界充斥着各式各样的需求和干扰，使我们无法将注意力放在最重要的事情上。我们的大脑天生是用来寻找食物、住所和社区以维持生命的，而不是用来管理时间的。所以，与时间管理做斗争是人的天性。

我们如今的需求比以往任何时候都多。要将工作、学业、家庭、友谊和娱乐都融入24小时的生活中是不可能的，但这确实是我们都在面临的难题。所以难怪我们会经常发现自己会错过最后期限，没法交付高质量的工作成果，或感觉到一种难以描述的疲惫。

根据我多年的指导经验，我发现了一些影响工作效率的根本原因。在我指导的客户中，无论是应届毕业生还是经验丰富的高管，导致他们的时间管理出现问题的根源主要有五个。他们每个人都各不相同，但又确实有些共通之处。

我们高估了我们拥有的时间，低估了我们所需的时间

我们每个人都有许多紧急又各不相同的工作。即使我们用尽全力也很难准确估算完成这些工作所需的时间。的确，

你今天有个三小时的会议。但你是否考虑到还有会议准备，寒暄对话，会议结束后冗长的道别，后续的电子邮件，以及你在匆忙中承诺过当天要交付的工作？你是否发现你明明只安排了五个小时，最终却花了七个小时来完成工作？

我们没有确定行之有效的优先顺序

我们每天都要迎接各式会面、接收浩瀚的信息，还有人们的"贸然来访"。每次受到干扰，我们的待办事项列表都会增加内容。在这种情况下，人们很容易感到不知所措，难以决定优先做什么。所以我们在一个又一个任务间穿梭，却没有任何实质进展。我们还没来得及做什么，一天就结束了。

我们未能有效利用科技

科技可以让我们的生活变得有秩序、有先后，使我们更专注。但我们的电子设备更多的时候只会让我们分心，让我们应接不暇。每一声叮咚都表示又来了新的电子邮件、文件、电话或消息。我们最喜欢的网站和社交媒体平台只需点击几下即可打开。屏幕上满满的都是通知，而我们又会不由自主地点击查看，因为不想错过任何"重要"的信息，而时间就这样流逝了。

负面情绪和坏习惯是我们的阻碍

我们习惯了自己长期以来养成的行动、感知以及存在方式。即便我们知道某些习惯和反应会让人感觉不适或适得其反，我们也会坚持照旧。你可能会因为害怕惹恼主管而工作很长时间直至精疲力竭；可能会为了给同事留下深刻印象而给出一个不可能兑现的承诺，然后又没有做到。但这些都只会让你对自己失望，损害你的职业声誉。

我们无法解释"生活"

普鲁士军事指挥官赫尔穆特·冯·莫尔特克（Helmuth von Moltke）的一本书中有这样一句古老的军事格言："世上没有万全的作战计划。"这句话对普通人同样适用。曾经，你可能过得太开心、太放松，然后发现自己对一项突如其来的工作毫无准备，而这项工作又十分紧迫，不容忽视。也许你已经在执行一项具有严格时间限制的任务，没法再为一项同样重要的任务分出时间了。

我的客户经常感到惊讶，因为这么简单的步骤竟然可以对他们的生活产生如此巨大的影响。明确你每天的时间和精力应该集中花费在哪里，可以给你带来平静，减缓拖延，使生活节奏不那么紧张。试想，如果你能永远摆脱这些障碍，你的生活会是什么样的。

有待提升的领域

你阅读本书是有原因的。

也许，你已注意到你在工作中需要解决的问题；也许，本章开头切尔西的故事——她无法按时完成工作，不注重细节——已经给你敲响了警钟；也许，你像她一样，已经被你的老板约谈，可能是一些具体的小事，也可能是关于你显露出的一些问题，小问题已渐渐累积成了大麻烦，开始威胁到你的工作和晋升；也许，你阅读本书只是因为你想要主动培养良好的习惯。无论是什么原因，你拿起本书总是有些理由的。

我的客户来自各行各业，他们在时间管理这段旅程中所取得的成绩总是激励着我。只有在他们开始了这段旅程，真诚对待个人挑战和目标时，这种转变才会发生——这也是你的下一项任务。

找准痛点

无论你在时间管理方面遇到的问题是什么，请记住你并不孤单，这一点很重要。即便是那些似乎毫不费力就能实现高效工作的人，也要在时间管理上下大功夫。我们的大脑并不是天生就能帮助我们有效处理问题的。

分心

我们所有人都会分心。你的大脑天生就容易分心。美国普林斯顿大学和加州大学伯克利分校的研究人员发现，虽然人脑能够长时间集中注意力，但在这个过程当中，大脑随时都有分心的时刻。

在分心的时刻里，我们会下意识地用我们的感官去探寻，看看是否还有其他更重要的事，比如看看未读邮件数。对于我们古老的祖先来说，这种大脑活动可以帮助他们觉察到正在逼近的威胁。但对于年龄不大的会计师来说，分心这项穴居人时代的"遗产"可能会让他丢掉工作。

不同的优先级

我们每个人都会评估优先事项。你每天都有几十项任务要处理。其中有小事，比如吉姆问你，如何将打印机设置为双面打印；也有大事，比如你的老板交给你一项备受瞩目的工作。其中有无意义的事，比如给你很少共事的同事写一张生日贺卡；也有影响重大的事，比如涉及数百万美元的项目启动会。

所有这些任务都会造成精神上的拥堵，而你的大脑喜欢短暂性胜利带来的即时满足感，却难以评估出真正重要的优先事项。这时错误可能会像滚雪球一样，从开会迟到或工作出现错别字，到失去客户，就像本章开头所述故事中的切尔西一样。

意想不到的麻烦

每个人都有自己的生活。就在我们认为已经做好了总体规划时，网络崩溃了，或是警报响了，或者首席执行官突然来访，或是需要从学校接回小艾莉森。这些意外事件带来的时间和奋斗动力的损失可能使人一整天都无法从中恢复过来。

在面临同样的挑战时，"时间大师"和苦苦挣扎的普通人之间有何区别呢？区别并不在于"时间大师"面对的干扰和任务更少，而在于"时间大师"有更好的时间管理系统和习惯。

小贴士：用笔记下来

花点时间思考一下。拿一张纸或一个日记本，回顾你一周的工作。下面哪些情况符合你目前的状态?

- 同事的打扰让我很难集中注意力。

- 我忘了做我应该做的事。

- 我的日程表上满是会议或电话。

- 我把时间浪费在了一些不重要的事情上。

- 我因为手机或最喜欢的网站分心了。

- 我知道我要做什么，但我拖延了。

- 工作多得使我喘不过气。

- 我花了太多时间查看与工作相关的电子邮件、文件或消息。

- 有几项任务有所进展，但都没有完成。

- 我废寝忘食（没吃午饭或熬夜）才把事情做完。

- 我处理紧急事务的时间比完成实际工作的时间要多。

- 我的私人生活占用了工作时间。

- 我错过了截止日期。

- 我交付的工作质量低于预期。
- 某项任务所用时间比我预期的长很多。

还有其他表现得不好的地方吗？还有什么是你想改进的吗？把它们都写到你的列表中。

此列表将成为你筹划时间管理之旅的基准。每当你践行新的策略，内化新的习惯时，这些失误不应再频繁发生。每周结束时再回顾一下这份列表，看看自己表现如何。

反省时刻

虽然本书会给你一个清晰可行的计划，最大限度地提高你的时间管理能力，但有些工作你还得做。提高工作效率需要学习新的习惯，抛弃旧的习惯。在此期间，你会有感觉困难的时候；会有遇到难题和挫折的时候；还会有感觉难以为继的时候。

成功者与失败者之间的区别是成功者知道自己工作效率高的深层原因——做某件事的表象原因背后的真实诉求。当旅途充满挑战时，这种诉求带来的强大动力可以帮助你坚持下去。

例如，霍华德是一家建筑公司的项目经理，由于他在工作上犯了错，他的老板总是事无巨细地管着他。这种工作中的紧张关系使他把压力带回了家。霍华德的妻子因此对他下班后的行为深感不满，而他也为自己的失控感到内疚。

霍华德想让他的老板不再烦他，但这只是表层原因。他深层的诉求是要使他的人际关系免受工作压力的影响。无论你的深层原因是想要维持家庭和睦（如霍华德），还是想要挽救你的职业生涯（如本章开头的切尔西），你都必须找到这个深层原因，因为它是解决你的时间管理问题的关键。

练习 **剖析深层原因**

拿出你在"用笔记下来"活动中做的笔记，回答以下四个问题。

问题1：发生了什么？

在"用笔记下来"活动中，你需要概述自己在时间管理中正面临的挑战。要写下挑战是什么而不是挑战为什么会出现。然后再次回顾这份列表。

问题2：对我有什么影响？

你在列表中列出的感受是什么？这些挑战对你的工作有什么影响？它们是否影响了你的个人生活？这些就是你的表层原因。你可能会发现，列表中的多个问题都反馈出同样的表层原因。

将这些表层原因用完整的句子写下来，并且将问题与其直接导致的结果联系在一起。例如，"当我错过截止日期时，我的主管会对我有意见。"

问题3：我为什么要改进这一点？

检查你的表层原因列表。它们对你有什么影响？它们会阻碍你成为理想中的自己吗？它们对你的职业生涯有负面影响吗？它们会改变你看待自己的方式吗？它们会改变别人看待你的方式吗？他们给你的生活造成了危机吗？这些都是风险。

用完整的句子表述出这种风险。例如，"当我的主管对我有意见时，我会感到焦虑、有压力。"

问题4：深层原因是什么？

检查你的风险列表。如果这些情况从未改善，甚至恶化了，你的生活会如何？为什么一定要避免这种结果？这个问题的答案应该与你的核心价值观、愿望和动力相关。如果无关，那么你得出的可能仍然只是表层原因，还要继续深入。

用一个完整的句子，并用"我想……是因为"的形式表达深层原因。例如，"我想缓解这种焦虑是因为我带回家的压力会破坏我的家庭关系"。

强调益处

经过前面的活动，你明确了自己想要解决时间管理问题的个人动机。无论你的个人动机列表上有什么，我在这里给出的合理管理时间的五大优势，也应该出现在你的列表上。无论你是谁，从事什么行业，在何处工作，这些都适用。花点时间想想，当你管理好自己时间后，你的生活会变得多么美好。

时间管理可以提高你的工作质量

时间管理不善的一个标志就是匆忙赶在最后期限前完成任务。匆忙中完成的工作更容易出现错漏，这就导致完成的工作往往需要修改或重做，你处理其他优先事项的时间就会被挤占。当你合理管理好时间后，你就有足够的时间来正常完成你的工作，而不是浪费时间返工。

时间管理可以提高你的职业声誉

工作中出现的事故往往不会只影响你一人。它们会扩散开来，影响你的同事完成工作。如果因为你时间管理不善，你的同事被迫收拾残局，你就会担上做事不可靠的名声。如果你的同事不信任你，你就很难在事业上取得进展。优秀的时间管理可以让你成为职场达人——让人们都想要与你合作，并愿意为你付出更高的报酬。

时间管理可以让你有更多自由时间

分心、拖延、完美主义、多重任务处理都会导致工作效率低下，即使是最简单的任务也会浪费很长时间。拥有完善的时间管理系统可以让你省下浪费掉的时间——甚至节约更多时间——来处理最重要的事。你可以利用这些时间去做最有影响力、最愉快的任务，或者只是让工作和生活保持更好的平衡（不用再为工作占用午餐休息时间）。

时间管理可以减轻你的压力

每次错过截止日期或忘记任务都会给你带来压力和忧虑。有效的时间管理可以帮你避免这些失误，助你顺利完成工作。减少工作中的摩擦可以提升你工作之外的生活质量，当你的工作待办列表处于掌控之中时，你会因此感到更加自信，心态也会更加平稳。

时间管理可以让你免于后悔

后知后觉对于时间管理不善的人来说是很残忍的。当下你很难觉察出导致你工作效率低下的原因。但事后回忆，你会发现自己的时间其实浪费得很明显，随之就会感到后悔。而后悔是人类最具破坏性的情感之一，因为它会让你的思想始终停留在你无法改变的事情上。而拥有可靠的时间管理系统可以让你专注于现在和未来，即使事情没有完全按计划进行，你也不会沉溺于过去。

迈出第一步

你已经准备好要迈出构建时间管理系统的第一步了。我们将从全面评估你的现状开始，探讨你的休息时间会对你的工作时间产生什么影响。我们会检查你的工作环境，了解它是在助力还是在阻碍你的工作。然后我们会从更高的层次来看看你是如何安排工作时间的。最后，我们将探讨如何将这些内容整合起来，且不会杂乱无章。我有很多客户都用这个顺序来找回自己的时间，减轻自己的压力，寻求工作与生活之间更好的平衡。相信我，你也可以。

你的二十四小时时间表

"给我六小时砍一棵树，我会用前四小时磨斧子。"人们常常误认为这句话是亚伯拉罕·林肯说的。虽然他确实没说过，但这句话的内涵是无价的：适当的准备对于高效执行至关重要。正如中国古话所言"磨刀不误砍柴工。"

你会花足够的时间"磨斧子"吗？

如果你经常不能按时出发或忘记在家做某件事，可以考虑在前一天晚上准备好一切。这就是一种"磨斧子"行为，只需十五分钟。你需要做到：

- 检查日程表，确定第二天的事项；

- 收集好所有必备的材料、技术工具或设备；

- 把衣服摆好；

- 准备一份健康的早餐（备料）；

- 确认已设置好闹钟。

我们都曾有过这样的日子：因为生病或疲倦，或因为个人问题感觉工作很辛苦。在工作中，你要调动你的身体、情感和心态储备来完成任务。如果储备空空，你就很难及时保质保量地完成工作。

"时间大师"深谙此道，他们会将有效的自我保健放在优先位置。他们会通过以下方式让自己的身体机能处于饱满状态：

- 睡七到九小时；

- 均衡饮食，多吃水果和蔬菜；

- 每天以自己喜欢的方式运动；

- 感到恶心或疲劳时就休息；

- 身体持续出现问题或出现严重问题时就去看医生。

他们会通过以下方式让自己的心态保持积极向上：

- 与乐观向上的人共度时光；

- 为慈善事业或社区组织做贡献；

- 保持基本的情绪练习，如记日记、冥想；

- 减少不必要的压力；

- 心理持续出现问题或出现严重问题时就去看医生。

他们会通过以下方式保持头脑清醒：

- 参加创新性或解决问题类的活动；

- 阅读喜欢的书籍、网站或文章；

- 玩益智类游戏；

- 坚持有趣的爱好，帮助自己学习或练习技能；

- 让心灵去漫游，做白日梦，发挥创造力。

当感到时间紧迫时，你会感觉自己没有时间做自我保健。你可能会认为保持健康的习惯太难了，但这是一个心理陷阱。你当然不可能每天都能完成这些事。你要从小事做起，考虑用几周或几个月，而不是几天的时间，让你的生活更快乐、更健康、更有成效。

你的实际工作环境

你的工作环境让你感觉如何？感觉舒适吗？公司在设计办公室时有各种优先考虑事项，但室内布置通常是一个整体，以下几点很少被纳入考虑范围。结果就是工作环境往往会分散注意力，让人不舒服，有时甚至让人情绪低落。但有一些方法可以改善你的工作环境。

好的工作环境可以使人振奋，保持活力，还有助于集中注意力。不好的工作环境则会消耗人的精力，有时甚至给人造成身体上的痛苦。

如果你的工作环境正在消磨你的精力，请向主管提议。可能你的公司会愿意做出改进。但如果不能，可以考虑自己改进。为改善你的工作环境投资——无论是在家里还是在办公室，都是在为你的工作质量投资。要想改善你的工作环境要考虑到以下四点。

工位人体工程学

大多数工位都会配备椅子、书桌、键盘、显示器和鼠标，可能还有辅助设备，如文件存储设备、工作电话或其他所需物品。你使用频率越高的设备，越要确保其处于良好的工作状态。保持舒适、健康的姿势也是如此。比如，如果你发现自己没精打采，可以考虑改变一下环境帮助自己挺直脊背。有几个很简单的方法，比如更换座椅、调整显示器或将笔记本电脑放在支架上。

但如果你不四处走动，即便是最符合人体工程学的工位，也会让你的身体出问题。人体机能不允许我们每天坐八小时。但有很多人都会这样做。如果你站起来，伸展四肢，散散步，即便一天只活动两次，你也会感觉好一些，思维更清楚，也更有活力。

声音

有人说办公室的喧闹声让他们工作效率更高，但科学研究结果表示并非如此。2000年发表在《应用心理学杂志》

上的一项研究结果表明，与在安静环境中工作的被试相比，暴露在办公室噪声中的被试解决的难题更少。2003年发表在《环境心理学杂志》上的另一项研究结果表明，在噪声较小的办公室工作的员工比在噪声较大的办公室工作的员工所承受的工作压力更小。如果你的工作环境嘈杂，试试戴耳机吧。多尝试更换一下所听的内容，因为有些声音比另一些声音更容易分散注意力。

光

自然光对人的情绪、精力和工作效率能起到很大的积极作用。如果你的工作环境缺少自然光，可以尝试自创自然光。可以用较暗、较温暖的光线模拟日落，使大脑产生褪黑激素；而用较亮、较冷的光线模拟日光，让人提高警觉。

美学

置身于一个带有个人风格的工作环境比身处一个单调的工作环境更能使你感到快乐。想办法将你喜欢的颜色、图案和纹理融入你的工作环境中。添置你所爱的人的照片、能激发你灵感的艺术品，或是有趣的装饰品。

这看起来要列一长串整改清单，但注意不要一次性彻底改变整个工作环境。

你的心理状态

积极的心理状态可以为高效、充实的工作体验创造条件。而负面的心理状态则会让我们工作分心，减慢我们工作的速度。许多人认为在工作中有个人情绪是不专业的表现，在工作时间应该忽略个人情绪。但是你的情绪状态会直接影响你的工作效率。情绪应该被管理或利用，而不是被抑制或忽视。

你在工作中通常会出现什么样的情绪？以下是我多次向我的客户提供的建议。

焦虑

焦虑是时间管理有问题的人最常出现的情绪。你可能会觉得工作已令你不堪重负，可能会担心犯错误，可能害怕自己会让同事失望或与经理发生冲突。此类时间管理的失败会令人产生持续的压力。

焦虑是一种干扰。你会让你将注意力放在焦虑情绪上，因而无法专心工作。消除这种焦虑的唯一方法是设计一个可以让你高质量完成工作的时间管理系统。

但焦虑还有一个来源。当一项任务很困难时，我们经常会感到焦虑，而这种焦虑通常伴随着羞愧感或不自信。因为我们总是认为，这项任务分配给了我，我就应该知道如何又快又好地完成它。但其实你最应该采取的措施是主动与人交流你的焦虑。你可能会惊讶地发现，你的同事们都很乐意帮忙。

沮丧

沮丧是人们在工作中感受到的为数不多的情绪之一，主要是因为沮丧情绪不可避免。沮丧是人在经历挫折后的自然反应，而且每个人在工作中都会遇到挫折。

没有人能避免这些情况：偶尔产生分歧，资源短缺，结果令人感到失望或关系难以处理。在改善你的时间管理系统、沟通技巧和人际关系后，你出现沮丧情绪的频率会大大降低。如果在改善之后，工作中的主导情绪仍然是沮丧（或愤怒），应该怎么办呢？如果是这样，这项工作可能并不适合你。

快乐或兴奋

当工作让你感到快乐或兴奋时，这是一种自身与工作相适应的迹象。这表明你正在做你喜欢的工作，并拥有取得成功所需的资源和系统。试着找出让你快乐的原因，并利用它改善你工作的其他方面。

也许你喜欢抓细节，比如标记并修改文档中所有的语法错误；也许你认为给项目制作电子表格是一件愉悦且不乏味的事；也许预测市场趋势让你感觉很有趣，似乎不像在工作。无论你在工作中有何情绪，都要确保你是在自查情绪，而不是在压抑情绪。情绪是人类不可缺失的一部分，即便你是在打卡上班，你仍然是人类。

你的工作时间表

你有没有想过"黄金时段"这个词是从哪里来的？这个词的背后就隐含着一项绝佳的时间管理技巧。

电视广播公司将一周中的天数和一天中的时间分解成时间段，并区分这些时间段的质量，成功地将不同的节目与不同的时间段相匹配。这就是儿童节目周六早上播放，而大预算的电视剧在周日晚上播放的原因。

可以利用分时段法来提高你的工作效率。将你做的不同类型的工作分类，找到你最适合工作的时间，也就是你的黄金时间。试着将任务与最适合的时段相匹配。如果你能同时考虑到一天中的时间差异和一周中的天数差异，这时分时段法就最有效。

早晨是酒店总经理格雷斯的黄金时间。这是她精力最足、注意力最集中的时候。她还发现工作周开始之初是精力和紧迫感最盛之时。但她的工作安排与她的黄金时段不一致，由此导致工作效率也有所下滑。

在与团队和上司沟通后，格雷斯可以重新安排她的工作。现在，她将俱乐部计划或头脑风暴安排在周一，周二到周四进行深度工作，周五用来完成紧急任务并开状态更新会议。她还会避免在上午11点之前开会，把早晨的时间预留给需要集中精力和创造力的任务。格雷斯采用分时段法，确保她最重要的工作可以在黄金时段进行。

如果你没法掌控自己的日程安排怎么办？这时就需要沟通。找到涉及你调整工作时间的相关人员并与他们沟通。向他们解释你是为了在大脑最佳的时间做好自己的工作，并询问他们是否可以帮助你实现这个目标。你可能会惊讶于他们的灵活变通。

需要教你如何沟通吗？以下是可用的模板。其中列出了你可能面临的挑战，并给出了一个替代方案，为你合作解决问题打开思路。

嗨，劳埃德：

我看了看我的日程安排和待办事项列表，不由得想起了周一早上将要召开的计划会议。这次会议需要我们发挥创造性思维，而我的思维在一周结束时是最活跃的。我想知道我们是否可以和团队的其他人沟通一下，看看他们是否也有同样的感觉。如果都是这样，您可以考虑把会议推迟到周四或周五吗？

感谢您的阅读，

西尔维

寻求平衡

平衡始于界限。无论你如何修改日程安排，重新规划优先事项，总有些时候让你不得不说："我今天做不到。"划分健康生活的界限，并付诸实践是一项重要的时间管理技能。如果你把你的生活完全交给公司，你大概不会喜欢它给你做的时间安排。即便是以进步为宗旨，以员工为中心的公司也会竭力压榨你的每一分钟。

你可以每天都休息，每周工作时数合理即可，可以在圆满完成任务之后安排休假。但你的公司是不会为你创造这种工作与生活的平衡的。你得自己创造。

每天工作之外的十六小时你是如何度过的呢？通常人们在设想工作与生活间的平衡时，想到的是在二十四小时的时间里，个人生活和工作按优先级别展开，使二者完全契合，即完美的一天。但这只是一种不切实际且不健康的幻想。你根本不可能每天都有时间做完所有事情。但如果你将你的时间范围延长，要实现这种平衡就容易得多了。

不要想着把所有事情都挤在一天，而要考虑如何将每个重要事项分摊到一周或一个月。如果你发现自己制定的目标（包括每天要完成的任务量和所需时长）都无法实现，那就发挥你的创造力。将一件重要的事分解成多件小事，最好是日常能做到的事，或者将重要的事分散到几天或几周内完成。

这些方法可以帮助本章开头故事中的切尔西摆脱目前的困境。学会了合理的时间管理，实现了工作与生活间的平衡，切尔西就有足够的精力来规划、执行并回顾自己的工作，而不会让她的老板、她的团队或她的客户失望。所以你要多多尝试不同的时间安排法，找到最适合你的那一个。

管理空间从而管理时间

在本章中，我们将探讨如何在工作中释放你的大脑而不是约束它。本章会反复提到三个主题：定制、迭代和毅力。每个人、每个工作环境都有其独特的需求、偏好、挑战和目标。千篇一律的方法是行不通的。我们就以此框架为出发点，对其进行调整使它符合你的需求。

首先，我们要构建系统的第一次迭代，让你可以尽最小的努力即可让你的工作有秩序、有重点且易掌控。开放型办公室和家庭办公室的优缺点各不相同，所以我们将概述这些工作环境共有的缺陷。

其次，我们还将探讨如何在"第三空间"（如咖啡店、共用办公间）实现高效工作。

最后，我们将讨论如何避开常见的浪费时间、精力的陷阱等问题，高效地利用会议时间。

"杂乱无章的周二"

米奇是当地一所大学的助教，他协助政治学教授阿里尔工作。他们两人都会既在家里工作，也在学校工作，但这是他们仅有的共同点。

阿里尔本学期教四门课，正在写她的第五本书，还要上政治类广播和电视节目。对米奇来说，这么多工作对于他来说是不可能完成的——更不用说要把它们做得很好。但阿里尔始终思维敏锐、做事条理、精准守时。她似乎一直都很完美。

米奇的生活则一团糟，但他自己也不明白是为什么。他要兼顾研究生学习和助教工作——工作确实很多，但似乎也不必始终保持精神紧张的状态。一天，米奇在连续三天通宵批改论文，做研究项目之后，筋疲力尽，没有听到闹钟响了，错过了阿里尔的早课。

他惊慌失措地醒来,拿起手机，发现阿里尔打来四个未接电话，还发了六条短信。她非常生气。

"我很抱歉，"他急忙回复，"我没有听到闹钟响了，但我知道这不是借口。"

阿里尔立刻回他："下午三点到我的办公室见我。"

几小时后，米奇提前十分钟到达办公室，一遍又一遍地在脑子里重复自己要道歉的话。阿里尔走进来的时候，米奇道歉的话呼之欲出。但他半句话都还未说出口，就被阿里尔制止了。

"原原本本地告诉我到底是怎么回事。"

她像往常一样直接，但似乎并不生气。米奇一边点头做着笔记，一边解释了通宵批改论文并做项目和错过闹铃的原因。米奇觉得很奇怪，因为阿里尔并不生气，但他一直在想着如何向阿里尔保证这类情况不会再发生，如何让阿里尔相信他。

"米奇，你有没有想过我是怎么做到这一切的？"阿里尔指了指那满墙的荣誉和成就，上面有毕业证书、书籍封面、各类奖项，还有和著名政治人物的合照。

"我一直都很疑惑，"他说，"似乎明明是不可能完成的工作量。"

"并非不可能，但要做到两点：有规划、有学识。我知道你有学识。从你的工作质量可以明显看出来，你很出色。"阿里尔向前微倾，接着说："但你没有规划。做我的助教，那你就得改变。你是怎么记录待办事项的？"

米奇拿出一个破旧的笔记本，上面粘着一大堆便利贴，杂乱无章。"停。"阿里尔抬起手，指着破旧的笔记本说："这绝对不行，你是怎么记录课程时间和约定时间的呢？"

米奇又看了一眼手里的笔记本，感到脸颊发热。阿里尔挑眉看着他，说道："还是不行，你平常在哪里工作？"

米奇耸耸肩。"有时在学院办公室，有时在马丁图书馆，有时在家里。哪里都可以工作。"

"好吧。"阿里尔向米奇伸出手，"我们就从这个笔记本开始吧。"

利用科技创造优势

正如我在第一章中提到的，我们的大脑经过优化，可以寻找食物、住所和社区来维持生命。在史前社会要实现这些目标需要专注力、创造力、解决问题的能力、沟通能力和想象力——也就是我们每天在工作中要使用的技能。但我们以狩猎为生的祖先并不要求效率。

效率是对我们提出的新要求。但你如果只有穴居人的大脑，是很难提高效率的。记住所有与工作有关的日期和细节不能算是发挥你大脑优势的体现。

对于你的大脑，在可做之事与应做之事之间是有差距的，而科技可以弥补这种差距。科技产品可以帮助你记忆细节，提醒你截止日期，帮你集中精力，让你成为负得起责任的人。但不要指望有任何工具可以解决你的时间管理问题。你要理智选择合适的科技产品，合理地利用它。

"时间大师"会谨慎选用科技产品，因为用来提高工作效率的工具也有缺陷。错误的工具会分散你的注意力，让你抵抗不了诱惑，或让你觉得完全没有时间做其他事情。"时间大师"一定会选择与自己的目标、偏好和环境相契合的工具。选择有很多，你不必执着于那些不适合你的科技产品。

采用中央管理系统

你可能需要多个工具来管理工作中的各个部分。我还没有发现万能的工具。声称自己无所不能的工具往往是最平庸的，它们浪费的时间比节约的时间要多。所以，在寻找好工具时，要把重心放在解决你所面临的效率问题上。

一旦选定了正确的工具，就将它融入中央管理系统。中央管理系统让你可以轻松存储、组织并检索你需要的内容，让你的工作更高效。你不必在自己选用的工具之间建立起数字化的联系（虽然这样会有所帮助），而应使它们因你的思想和习惯而相互关联。

设置好工具并学会充分利用它们可能要花些精力。但合适的工具会让你感觉一切井然有序，无须调整。它们释放大脑的资源，协助你完成工作，而不是管理工作。

管理你的任务

每项工作都是一系列相互关联的任务，完成任务时应保持一致性。但对于大多数人来说，细节每天都在变化。有时变化小，有时变化大。记录这些细节是时间管理的一个重要部分。

对于分配给你的每项任务，你都需要知道：

- 任务要求是什么？

- 你需要什么工具或材料来完成该任务？

- 这项任务需要多长时间才能完成？

- 截止日期是什么时候？

- 这项任务有多重要？

有时这些问题的答案很直观。但你只要对答案有一丝不确定，都要向你的同事或主管反复确认。你可能会因为不知道答案而感到羞愧，犹豫要不要问，但请相信你的同事一定会欣赏你勤奋的态度。

管理你的时间

一旦任务就绪，你就要将它们安排到你的日常生活中。

如果只是随意地将任务填满你的日程表，那你这一周的时间就会既紧张又利用率低。利用好这两个方法，就能确保你是在正确的时间做正确的事情。

首先是四大优先排序法。看看你列表上的任务，将任务分为紧急、重要、紧急且重要、既不紧急也不重要四类。

1.立刻做。紧急且重要的任务应尽快完成。在继续其他任务前，尽可能多推进这些任务。

2.稍后做。下一步就要完成重要但不紧急的任务。对付这些任务有一个办法很有用：给它们安排具体的日期和完成时间。这时，这些任务就变得紧急了。

3.不归我做（或不归我本人做）。紧急但不重要的任务应该委派或分配给其他人。你如果是领导，可以将这些任务委派给团队成员。你如果是个人工作者，可以寻求他人的帮助。

4.不必做。既不紧急也不重要的任务应该忽视。你要确保自己对紧迫性和重要性有清晰的认知。如果不确定，请及时向他人确认。

其次是深度工作时段法。有些任务最好长时间不间断地完成。在这段时间里，要坚定地拒绝所有干扰。关掉所有通知、不必要的应用程序，并礼貌地请求同事不要打扰你。将你的注意力集中在一项单一的任务上，直到任务结束或深度工作时间结束。

如果你是刚开始尝试深度工作时段法，你要和主管沟通，让他知道你在尝试这种新的工作方式。开始时时间要短，频率要低，比如每周两次，每次三十分钟。把这些深度工作的时段标在日程表上，充分重视它们，当作和首席执行官见面一样。但在你消失、进入深度工作前，要告知你的团队和主管，并确保自己可以汇报工作进度。

当深度工作时段法显露出其价值时，你会想要有更多的深度工作时间。但记住深度工作会让脑力负担过重。你一次或一天能做的事情是有限的。要注意观察自己的身体状况。如果你开始感到精神疲惫，那就说明你工作过度了。

利用数字工具简化流程

现在你学会了一些管理任务和时间的策略，那你应该用什么工具来践行这些策略呢?

你过去可能使用过记事本、规划簿、便利贴这样的工具。与数字工具相比，它们有一个优势：与你用键盘敲下的东西相比，你对用笔写下的内容记忆会更深刻。所以在某些情况下，手写笔记可能更有效。但你还记得本章开头故事里，米奇那些乱糟糟的便利贴吗？用这种方式是无法处理好大量复杂任务的。所以在大多数情况下，虽然用纸质笔记本可以更好地回顾反思，但它的其他缺点盖过了这个优点。

手写工具只有带在身边时才有用，而且很容易丢失或被遗忘。它们无法实现检索。如果你的字迹不是很清楚，回顾笔记时可能会有困难。你想更改一些内容时，还要浪费时间重写。此外，用手写工具很难与他人合作。

数字工具则没有这些缺点。从我在培养时间管理技能方面的个人和专业经验出发，我推荐用数字工具来构建你的时间管理系统。首先熟悉你公司使用的工具。大多数公司的电子邮件和办公软件都是微软公司或谷歌公司的产品。熟练掌握这些工具，并利用它们来实现时间管理系统的第一次迭代。

日程表

日程表是用来安排你的每一天的，所以一定要用。以下是我最喜欢的五种安排并"捍卫"自己时间的方法。

1.捍卫你最重要的时间。你的同事看你的日程表时，他们只会看到你什么时候空闲，什么时候忙碌。他们看不到你对时间安排的具体偏好。可以将一天中工作时间的第一个小时和最后一个小时设置为循环时段，用来安排计划，中间留出一小时的午休时间。

2.标出各个时段。当你知道哪些时段适合哪些类型的工作后，将这些时段插入日程表中，这个办法非常有用。一定要将这些日程表上的事件设置为"自由模式"，这样你就不会一不小心把整周都塞满了。如果你的日历看起来太乱，可以考虑创建一个额外的日程表视图，这样你就可以在你不需要的时候关闭日程表，让页面更简洁。

3.安排定期深度工作时间。如前文所述，深度工作时段法是一个很强大的提高工作效率的方法。只要你和你的主管都很满意，你就可以尝试将深度工作的时间固定下来。

4.学习日程安排工具。如果你经常负责安排会议，可能要来回发电子邮件沟通，浪费时间。但用Doodle这样的协作式日程安排工具，你可以提出几个选项供与会者投票。而用Calendly或Acuity Scheduling这样的直接日程安排工具，可以创建会议链接，其他与会者可以直接将会议链接放到他们的日程表上。

5.多多摸索设置功能。谷歌日历和微软公司的Outlook带有自定义功能，它们都可以极大提高你的工作效率。比如，你可以在这两个工具里更改默认事件提醒。如果你有开会迟到这样的时间管理问题，那么这个功能会对你很有帮助。

任务管理器

不要用Word、谷歌文档或电子邮件收件箱作为待办事项列表。我见过太多的客户就是用这种方式，结果陷入麻烦了。电子邮件在设计时没有考虑到为任务排序。而一个好的任务管理器可以让你轻松对任务进行安排、按优先级排序，还能将任务情景化。你也可以用文件夹或收件箱来实现这些操作，但与专用工具相比，问题会更多，失败的可能性也更大。

谷歌公司和微软公司的办公软件包中都有任务管理器。如果你以前从未使用过任务管理器，可以从Google Tasks或Microsoft To Do开始上手，了解自己的需求和偏好。这些工具的功能都很简单，因此易于学习，但这也意味着它们可能不是最佳的长期时间管理工具。

随着时间的推移，你可能会发现功能上的差距，希望升级到功能更强大的工具。Trello，Asana和Todoist等工具就有更多功能，让你可以动态化地安排任务，使用更多情境存储任务功能。你会更想使用这些工具的高级版本，拥有更多功能。我一直在用Todoist安排任务，用了很多年。它为我节省的时间所带来的价值，比我为高级版本付的订阅费高出1000倍。

在开放式办公室最大限度提高工作效率

我知道所有人都认为：开放式办公室不利于完成工作，虽然开放式办公室表面上是为了促进沟通和协作。设计师认为，没有墙壁的办公室可以促进同事之间自发交流。但达到的效果恰恰相反。

当然，到了2020年年末，办公室的概念（更不用说开放式办公室了）因为新冠肺炎疫情发生了翻天覆地的变化。新冠肺炎疫情防控期间，约有42%的美国工作者在家工作，美国突然变成了居家工作的国度。

由于新冠肺炎疫情的经历，美国企业开始重新思考办公方式，关于办公室的概念——开放还是不开放——可能会发生变化。从时间管理的角度来看，无论你是居家工作还是在办公室里工作，都会遇到类似的问题。这两个空间里都有许多干扰，你必须加以识别并将它们的影响降到最小。

在开放式办公室，我们很少与同事面对面交流，还更容易生病。几乎所有关于开放式办公室对工作效率的影响的科学研究都发现，开放式办公室会让人分心，让人疲惫不堪，还有被监视的感觉。那么，为什么公司还要设计这种"现代刑具"呢？因为它们成本低。

虽然新冠肺炎疫情颠覆了现代工作环境的未来走向，并改变了人们对开放式办公室的普遍看法，但办公室未来很可能将继续以某种形式作为美国企业的固定设施而存在。虽然你不能改变办公室的布局，但你可以通过一些具体的步骤改变它对你的工作效率的影响。

带着计划进办公室

到达办公室时，你心中所想的应该是尽快开始你的第一项任务。但早晨的办公室满是陷阱，引诱你虚度时间。那我们就来探讨一下该如何避开其中一些陷阱，立即开始工作。

避免无止境的闲聊

在办公室闲聊有助于建立工作关系，但很容易让人沉浸于谈天说地，失去早晨宝贵的工作动力。所以，有礼貌地接话，但不要让对话持续太久。

如果你感觉被困住了，可以直接插话说："抱歉打断你，但我要开始写我的汇报了。我能晚点跟你聊吗？"你的同事会理解的，你们都是来办公室工作的。

逃离电子邮件的黑洞

很多人都会犯一个错误：每天工作一开始就忙着查看电子邮件收件箱。这就意味着你把你的黄金工作时间浪费在了处理别人的事情上。所以，要限制自己在处理电子邮件上所用的时间。

早上，将你的电子邮件设置为"火灾扫描"模式。这是一种快速检查选项，可以识别所有重要、紧急的电子邮件，并判断它们是否是最迫切的任务。如果没有"火灾"，关掉邮箱，开始处理任务管理器里最需要优先处理的任务。

稍后，你应该对邮箱进行彻底清理，确定哪些电子邮件代表要完成的任务，哪些是垃圾邮件。但要记住，你的邮件箱不是任务管理器。如果邮件中有任务，请将其完整地添加到任务管理器中。

对于那些想要很好地管理时间的人来说，邮箱是个很危险的地方。尽量减少清理邮箱的次数。你如果要在收件箱检索工作资料，那么不要因为未读邮件数而分心，迅速离开这个危险区域。

在固定时间查看邮箱对于解决这个问题会很有帮助。我喜欢早上做一次"火灾扫描"，午餐前做一次清理，下班前做一次综合扫描或清理。每个人的方式都不一样。尝试并想办法以最少的时间满足工作所需。

现在你逃过了早晨的干扰，成功来到了办公桌前。现在该做什么呢？用你的管理系统给你的工作日做一个计划吗？不要在一天开始的时候做计划，因为早晨干劲十足，是完成工作的好时机。相反，应该在一天工作结束时留出十五到三十分钟来做第二天的计划。以下就是你在一天结束时要做的四件事。

先反思

这一天里有没有哪项任务需要完成，但时间安排不适合的？如果有，重新调整优先顺序，给任务划定时间。如有必要，与相关人员沟通。是否有新的任务需要安排？如果有，一定要获取所有你需要的相关信息，将它们放入未来的日程安排中。

查看日程表

你有会议吗？你需要为此做什么准备吗？如果有，请将其添加到任务管理器中。你有多少空闲时间？在这个空闲时间适合做哪项工作？

查看任务管理器

仔细检查每个待处理任务的优先等级，根据需要对其升级或降级。查看第二天安排的任务，估算每项任务所需时长。要确保所需时间的总量比你拥有的自由工作时间少一至两小时。如果所需时间太长，重新安排任务，并与相关人员沟通请求延迟。

整理好工位

确认你想在早上完成的第一件事之后，将所有必要的工具或资料准备好，确保你一坐下就可以立即开始工作。

确认好当天其他任务所需的资料之后，将它们准备好并放在手边，但又不能使其分散你的注意力。快速整理一下你的工位，让你早上坐下来的时候感觉很舒适。

想想本章开头，在这些调整中，是否有些可以适用于米奇呢？虽然他并不总是在办公室工作，但如果提前安排好第二天的工作时间，他将受益匪浅。如果他可以回顾一下这一天自己做了什么、没有做什么，整理一下第二天的日程表，并向阿里尔确认一下新任务，他就可以提前为完美的一天做好准备。

这里给出的列表很长，但都是需要立刻加以改正的方面。要持续处于理想的工作状态，首先把精力集中于一到三个策略上。一旦形成了习惯，就从这个列表中再添加一个新的策略。

利用互动发挥优势

职场关系是你最重要的时间管理工具。如果能和同事一拍即合当然很好，而且有时确实能意外建立起牢固的职场关系。但更多时候，这种关系需要我们有目的地去构建。

一段良好的关系意味着它在以下三个方面是值得肯定的：期望、合作和界限。我们就来讨论一下如何利用这三点，让你的职场关系能够帮助你实现时间管理的目标，并找出它们与一件极为耗费时间的事情之间的关系，那就是会议。

期望

工作往往不是一个人的事。我们依靠他人，他人也依靠我们，由此完成公司的总体目标。但是，当我们每个人都有不同的需求和偏好时，我们该如何完美地实现这个目标呢？首先要清楚、明确地传达你的期望。

当你从别人那里接受任务或把任务交给别人时，每个人应该都有所期望。清楚传达以下细节将为任务参与人员节省时间、减少麻烦：

• 截止日期是什么时候？

- 需要包含哪些内容才能视为任务完成？

- 对任务质量有什么要求？

- 完成一项任务需要多长时间？

- 任务难度如何？

- 任务重要性如何？

- 为什么这项任务对公司很重要？

这一步就是在设定期望，有利于同事之间主动沟通彼此的需求或偏好，并找到潜在的问题。

合作

有一项任务，对你的同事来说应该要优先考虑，但对于你来说并非如此。或者他们想到的成果需要耗费大量时间，而你并不希望如此。所以，当你的需求或偏好与他人发生冲突时，你会怎么做？共同努力，找到能够尽力满足多数人需求的解决方案。

这就是用合作的办法解决问题。

当你需要协商一项任务的细节时，第一步应该是确保每个人都能够充分理解为什么会存在不同的偏好。专注于你想要达到的目标，而不是如何达成目标，可以让你探索到更多实现途径。这就是实现有效合作，从而使每个人都满意的方法。

界限

通过合作解决问题的方法并不是万能的。有时你无法弥合偏好之间的差距。当这种情况发生时，每一个参与其中的人都要能巧妙地沟通彼此的界限，这一点至关重要。假设一项任务给你造成了不合理的负担或让你陷入困境。在这种情况下，你要礼貌地说不，这是为你自己同时也是为你的工作成果负责。

了解自己的界限是什么，并学会在告知他人界限的同时让自己的沟通方式能够被公司的其他人尊重、接受。对于一些人来说，设定界限是一件很可怕的事。但只要有一丝勇气，愿意实践，并能够从值得信赖的同事处收到反馈，任何人都可以设定自己的界限。在工作中，这是一项可以习得并最终能够完全掌握的技能。

会议

会议都是终有回报的时间投资。但它们也因为浪费时间而臭名昭著。这并不是因为会议本身不好，而是因为大多数人管理得不好。

一场完美的会议应符合以下标准：

- 有明确的议程或目的；

- 将预计会议时间缩到最短；

- 邀请相关人士；

- 不邀请无关人士；

- 为受邀者提供所需的所有材料，并给他们足够的时间
  查阅；

- 准时开始；

- 按计划进行；

- 会议结束前回顾达成的决议和行动方案；

- 准时结束；

- 向所有相关方提供会议摘要。

虽然我们不太可能参加到这样完美的会议，但你可以努
力让自己的会议尽可能多包含一些这样的特质。这样一来，
你在安排会议时，可以控制其中的大部分变量。但是对于其
他人举办的会议又该如何呢？

这又回到了我们前面讨论的话题：期望、合作和界限。

如果某场会议似乎有浪费时间的风险，请判断它缺少以上哪些特质。然后可以将你的期望传达给组织者，要求他们就解决该问题进行合作，如果组织者不愿意或无法解决问题，那就涉及界限的问题了。

远程办公的时间管理

在2020年之前，许多工作者都没有远程工作的经历。突如其来的新冠肺炎疫情，几乎使每一个在办公室工作的人突然都在家工作了。知道如何在家高效工作是一项重要的技能。美国的企业已经越来越放心让他们的员工远程办公了。新冠肺炎疫情迫使许多公司尝试开展远程工作，这时出现了两条很重要的经验教训。

首先，许多怀疑论者发现他们的公司能够在没有办公室的情况下运营。其次，那些反对者意识到，在节约成本方面，开放式办公室的概念对远程工作者来说毫无意义。有些公司不顾员工的健康，着急地让员工回到工作岗位，其他公司则采取了更灵活的做法。有些公司将远程工作作为员工的永久选择。有些员工则以同样的办法摆脱了办公室。即便你现在还没有这样的经历，很快你也会在家工作的。

无论是在家里、酒店、咖啡店还是共享办公空间，远程工作都有其特殊的挑战。许多人发现在家工作，工作效率会直线上升。你学习到的在开放式办公室工作的经验同样适用于在家工作，但要避免一些常见的陷阱，还需要做一些调整。

居家工作

我指导的客户刚开始居家工作时往往会有同样的问题。他们无法保证在高效工作的同时还能兼顾自己的健康，要么工作得太多，要么工作得不够。他们很难保持精力和动力始终处于充沛状态，所以他们的身心健康每况愈下，还要与家人不合理的期望做斗争。他们濒临崩溃，总是分心。所有这些情况都在浪费他们的时间。

这并不是说远程工作不好，只是需要以不同的方式来对待它。作为远程工作者，你同样可以保持健康和精力，有效地管理时间，还能比办公室同事们工作效率更高。不要掉入本章开始时米奇所处的陷阱。不要在非常规时段工作，对自己造成伤害；不要停止记录各项任务，而要设置好一个适合工作的时间表，创造一个能让你成功工作的工作环境。

创造一个高效的环境

许多在家工作的新手都不会打造符合人体工程学的工位。你可以完全掌控这个空间，所以不要吝啬或懒惰，不要每周四十小时都懒洋洋地躺在沙发上。相信我，这一定会让你背部和颈部疼痛，因不合适的工作区而让身体不适并不值得。用本书第一章中的原理来打造一个符合人体工程学的工作区。

理想的情况是你有一个专门的家庭办公室，你可以装扮它。但很多人家里都没有空余的房间。如果无法设立单独的家庭办公室，那就发挥创意吧。小小的投资就可以让工作舒适度和工作效率大有不同。

别忘了问你的主管能否报销布置家庭办公室的费用，有很多公司都可以报销。

安排你的工作时间

大多数远程工作者都会遵守标准工作时间。把你以前用来为上班做准备或通勤的时间用来做更重要的事，比如睡觉，这很明智。但在工作日开始前几分钟才从床上爬起来并不可取。在家工作不是不专业的借口。每天都要充满能量，保持清醒。

如果你的时间表比较灵活，就可以根据自身状态来安排工作时间。但由于缺少规范的工作体系和问责制的约束，在家工作也会面临挑战。你可能会因为工作得太少，以致很难把所有的事情都做完；你也可能会因为工作太多而感到疲惫。

养成记录工作时间的习惯。每周将你实际花费的时间与完成这项工作所需的标准时间进行比较。尝试不同的时间计划表，直到找到合适的。

休息一下充个电

你的同事看到你在办公桌前，他们就知道你在工作。但是，当你躲在屏幕后面、与他们相隔甚远时，他们怎么知道你是不是在工作呢？如果你是刚开始在家工作，你可能会因为休息感到尴尬、内疚或紧张。

这是一种正常反应。你可能害怕人们会注意到你缺席，或是认为你很过分，或是害怕他们可能会忘记你。但不要无休止地工作。相反，找到工作中的相关人员后，每天和他们交流，只闲聊也可以。每月至少与他们开展一次会议，向他们汇报最新情况，集思广益或解决当下面临的问题。

无论你的工作时间是固定的还是弹性的，休息、午餐和假期都很重要。休息（而非放纵）是必不可少的时间管理工具。你的大脑需要休息，你的身体需要休息——你在工作中需要休息。适当休息可以帮你在完成工作的同时又不至于筋疲力尽。

尝试各种休息方式，找出一种既能满足你的需求，又符合公司文化要求的方式。请记住，你的工作习惯应该是长期可持续的。长时间不休息是不可持续的工作方式。

小贴士：你现在需要租办公室/共享办公空间吗？

要打造你的"第三个工作空间"（办公室和家庭以外的工作空间）需要租一间办公室吗？如果下列选项中你有两个以上符合，那你可能需要一个共享办公空间或租一间办公室：

- 上一节中的建议并不能提高你的工作效率；
- 你的工作需要定期与客户或合作方会面；
- 定期的社交机会可以改善你的工作；
- 你的设备或材料需要空间；
- 你非常希望有"工作上的朋友"。

费用可能会因为地理位置、租赁类型和会员资格所带来的优惠而有所不同。但要记住以下五个因素。

- 需求：你的目标是什么？这个空间可以实现这个目标吗？
- 位置：通勤方便吗？附近的设施你喜欢吗？
- 设备：它可以提供什么？你需要自备什么？
- 福利：是否有会员福利？这个福利对你有用吗？
- 比较成本：物有所值吗？

保持居家工作效率

我已经居家工作六年多了。在这段时间里，我学到了一些非常规的做法，使自己能够更好地在家工作。一开始，我总是感到自己与世隔绝、情绪低落、工作效率低下、身体不适。这种情况对于许多刚开始居家工作的人来说很常见。他们常把这些问题归咎于工作模式，说这是远程工作必定会产生的问题。但事实并非如此。

居家工作是一套职场技能，就像做数据透视表、公开演讲一样。要顺利地居家工作，你必须学习、练习并掌握这套技能。我花了一段时间才明白自身问题在哪儿，以及哪些做法可以帮助我保持高效工作的状态。把这些行为变成习惯需要一段时间。然而，一旦我形成了习惯，居家工作就成了一种乐趣。

我的客户也是如此，他们在第一次远程工作时很痛苦。然而，一旦他们知道了问题所在，找到了正确的解决方法，并将这些方法内化为习惯，他们就能充分享受居家工作的乐趣。

对和你一起生活的人明确提出期望

我很清楚新冠肺炎疫情防控期间，小孩子的父母在家努力工作。孩子们要用 Zoom[①] 在家里上学，父母要帮他们解决技术上的问题，或者他们会在父母开线上会议时问问题，但这不是我要讨论的干扰问题。

你居家工作时，你和室友、家人或伴侣住在一起，他们随时可以在家里看到你，而且他们可能希望你能始终像平时休息时一样。他们可能会在你的注意力需要放在工作上的时候，要求你做家务、跑腿或其他事情。他们可能会在你忙得焦头烂额的时候打扰你。

期望与现实不匹配就会给原本平衡的关系带来紧张和冲突，尤其是在和你一起住的人还没有居家工作的经验时。值得庆幸的是，这些问题通过简单的沟通就可以避免。

确保每个人都知道在你的工作时间内应该对你有什么期望。向他们解释哪些时间段是你的工作时间，你在工作时间需要做什么，并具体说明你在工作时间能做什么、不能做什

---

① Zoom 是一款网络视频会议软件。——编者注

么。询问他们的所求，一起设计一个方案，让每个人都觉得他们的时间和重要的事情都得到了重视。

尽量减少家庭环境中所特有的干扰

居家工作的最显著的一个缺点是你很容易受到极其严重的干扰。所有你喜欢的活动都离你只有几步之遥，也没有同事带来的压力——让你有完成任务的紧迫感。

注意家庭环境中常见的、特有的干扰，它们经常会分散你的注意力：

- 与家庭成员的互动；

- 到厨房走一走；

- 家务和琐事；

- 手机上的娱乐应用程序，比如游戏和社交媒体；

- 娱乐媒体，比如电视或播客。

我们将在第三章中更全面地探讨干扰问题，包括如何处理家庭环境中特有的干扰问题。

保持个人生活井井有条

家务、琐事和其他私事都会让人分心。将你在工作中的时间管理技能应用到个人生活中，可以降低这些事情对你的干扰。将你的个人事务添加到管理器中，安排各种事项的时间，并且养成习惯。如果你可以运用管理器将工作任务和个人事务分开，那你可以用同一个的管理器来处理工作和个人事务。

某些个人事务比其他事情更容易分散注意力。尽量在工作日前处理完个人事务。如果出现新的事务，不要立刻解决。在你工作的时候，所有的个人事务都会让你分心，即便是像打扫卫生这样的有益活动也是如此。在你的个人事务管理器中记录所有新事务，并设置完成时间。

打造"通勤"仪式感

在你的身体前往办公室的路上时，你的思想也会发生变化。你从放松、随意的心态中走出来，进入专注、职业的状态。没有了这半小时的通勤时间，你怎样才能重新进入这种状态呢？你可以通过日常活动实现这种心理转变。

"通勤"仪式可以复杂，也可以简单。我有一位客户的"通勤"仪式是在打开笔记本电脑前点一支蜡烛，在关上笔记本电脑后将其吹灭。还有一位客户，他有一个家庭办公室，他会在进家庭办公室之前做三次深呼吸，一天工作结束关上门后再做三次深呼吸。"通勤"仪式最重要的是每天坚持。

注意身体健康

你越健康，就越容易高效工作。不幸的是，在家工作比在办公室工作更容易让你养成久坐的生活习惯。不妨小小活动一下，拿出打印机里的文件，或出去喝杯咖啡，这些活动都会给原本静止的一天增添运动的乐趣。

去健身房的益处不可否认，但在健身房锻炼并不是让你动起来的唯一方式。像经常起身站一站、伸展筋骨、散步等简单的活动，都可以影响你的身心健康。

更别忘了吃饭。办公室附近随处可见餐馆和咖啡厅。但是在家工作时，你可能就没有那么多选择了。不要只吃外卖、速冻食品或零食。不如提高你的烹饪技巧，让你的身体和心灵都得到充分的锻炼。

寻找其他工作地点

你可以居家工作并不意味着你必须每天都在家里工作。除了家里，还要有一个能满足你需求和偏好的工作地点，这对于工作也很有用。你可能会想到咖啡厅。但其实还有很多合适的"第三空间"。去图书馆、酒店大厅、博物馆还有大学校园看看吧。你可能会发现你最喜欢的公园、商场、健身房或餐厅都和它们有关联。

经过时间检验的策略＝时间管理结果

　　通过前文的学习，你已经为优秀的时间管理奠定了基础，已经了解了一些实用的练习。现在，是时候深入研究能让你成为"时间大师"的策略了。在本章中，我将深入研究一些行之有效的方法，用于设定目标，改掉坏习惯，以及保持无往不利的优先顺序。

　　当你将这些技巧都融入日常工作中时，你会发现工作变得清晰明了、工作热情和效率都有了显著提高。有些工具最初可能看起来很乏味或很难使用，但在学习新事物时，遇到困难很正常。

所以在学习一项新技能时，要有耐心，认真尝试每一个方法。对于每个方法至少要坚持使用两周，再评估这些方法什么时候变得顺手了，什么时候让你看到了明显的成果。

"周三的混乱"

迈尔斯不会说"不"。

迈尔斯不是一个耳软心活的人，他只是喜欢帮助别人。他是团队中的一员，他"踏实肯干"的态度使他成为团队中最受欢迎的程序员之一。他对每一个请求帮助的人都报以微笑，然后友善地答应他们，但麻烦即将来临。

迈尔斯永远都不知道他如何才能结束这一切。他每天都在自己的核心职责和他人的任务之间来回奔波。

保拉又来了。她走近时，迈尔斯露出微笑，等着她又请他帮忙。保拉某位客户的项目需要部分代码，她希望迈尔斯能够帮她检测代码的质量。虽然迈尔斯已经不在质量部门了，但他不希望公司会给客户提供糟糕的代码，所以他答应了，他的待办事项列表又要变长了。也许他可以在下午晚些时候的计划会议上做这件事。

迈尔斯的产品经理茜茜和往常一样开始开会。她带领团队了解产品路线图的更新，提醒大家注意其中最重要的变化。

"迈尔斯？"

迈尔斯意识到茜茜在叫他时，他猛地抬起头。

"原来你还在呢，迈尔斯。"她冷笑道，"我们什么时候可以看到新界面的模型？"迈尔斯犹豫了，因为他意识到自己不知道答案。他没有为会议做准备。

茜茜感觉到迈尔斯不知所措，于是抛给了他一根救命稻草，"这个问题我们稍后再谈，可以吗？"迈尔斯默默地松了一口气，打开电子邮件查找信息。有38条未读邮件，什么时候有了这么多消息？他回了一些邮件，然后意识到茜茜又叫了他。他能看出来茜茜很生气，但她又饶了他一命，她说："你找到这些日期后就发到团队聊天群里吧。"

接下来的会议平安无事，但当所有人离开会议室时，茜茜留下了迈尔斯，并说道："迈尔斯，开会期间你为什么在神游？这可不像你的作风。"

迈尔斯向茜茜道歉，说自己没有为会议做好准备，并解释说他会前一直在帮他的好友文卡塔斯校对一份备忘录，因而忘了时间。然后又解释说，他开会时注意力不集中是为了帮保拉做代码质量检测。他还承认，他在会上本应查找茜茜要求的信息，却被电子邮件困住了。

迈尔斯的每一条解释都让茜茜变得愈发恼火。"迈尔斯，你是一名用户体验设计师。你的工作不是帮文卡塔斯做备忘录，也不是帮保拉做代码质量检测，更不是回复电子邮件。你的工作是设计出色的用户界面。你有时就得说'不'。"

茜茜说得很对。迈尔斯知道自己总是会轻易答应别人的请求。难怪他压力那么大，还总是落后于别人，他只是承担了太多不属于自己的工作。

"我喜欢帮助别人，茜茜！我不想让人们失望，"迈尔斯说（他低头看着自己的脚），"我希望大家觉得我很可靠。"

茜茜把手放在他的肩膀上，说道："迈尔斯，我是你的老板。我才是那个需要感觉你可靠的人。把精力放在你自己的工作上，优先考虑你自己的工作吧。别人的事情等着也没关系。如果有人对此有异议，可以让他们找我。"

SMARTer工作目标

你利用时间的方式反映了你心中的优先级。但这些优先级又从何而来呢？在分心时你会允许潜意识为自己设定优先级。你的潜意识总是在变化。所以，如果你一直让潜意识掌控你的思维，你自己也会不停变化。

这就是为什么设定目标对时间管理如此重要，因为专注于你有意识设定的目标要容易得多。不过，虽然许多人每天都在有意识地设定目标，但很少有人设定的目标是有效的。大部分人设定的目标往往是模糊的、被动的、消极的或不切实际的——就像一杯有毒的鸡尾酒。

有效目标往往包含五个共同特征：具体，可衡量，可实现，相关联，有时限。当目标具备这五个特征时，它更有可能实现。

这就是我们所说的SMART①目标。在我们设定了相应目标后，总有些心理陷阱会阻碍我们做出长期改变，阻碍我们养成新的习惯，阻碍我们在逆境中坚持不懈，但SMART目标可以削弱这种心理陷阱对我们的影响。

SMART目标模型是管理顾问乔治·多兰（George Doran）于1981年提出的。他提出此模型旨在构建一个框架，帮助企业领导者设定业务目标。因此，这个模型（经过调整）同样适用于个人，而且效果很好，这很正常。

具体

具体的目标更容易实现，因为它们会给出明确的方向。它们会指引你行动，你的各项行动会相互关联、但又有所不同的。如果一个目标是具体的，那你可以很容易地看到哪些步骤会让你更接近这个目标。

成功概率高的目标，其具体性往往达到了一个最佳

---

① SMART 是有效目标五个共同特征的英文首字母缩写：具体（Specific），可衡量（Measurable），可实现（Achievable），相关联（Relevant），有时限（Timely）。——译者注

点——具体到足以指明方向，但又足够宽泛，可以灵活应变。大多数客户来找我时，往往都带着模糊、被动、消极或不切实际的目标。我要指导他们的第一件事就是让他们找到这个最佳点。

我会从一个练习开始，让他们的目标更具体。这个练习还会帮助他们调整对待未来的心态，从而稀释掉那些隐藏在不合格目标中的"精神毒药"。具体做法包括以下几点。

1.可以至少用一件事来证明你成功实现了目标。

2.可以至少用一件事来证明你没有实现目标。

3.将每一个成功的标志与至少一项你曾为此付出的行动联系起来。

4.将每一个失败的标志与至少一项导致你失败的行为联系起来。

然后，我用得到的答案将客户的目标改写为具体、以行动为导向的目标。将以上这些提示看作一个特殊的公式。我用一个例子来演示，你可以现在就跟着我尝试一下。

既然你正在读本书，所以你可能想要提升你的时间管理能力。"我想提高我的时间管理能力"是一个模糊的目标。

如果你按照上面练习中的四个提示来明确目标，你可能会得出这些结果：

- 按时完成任务是成功的标志；

- 开会迟到是失败的标志；

- 完整记下任务让我得以按时完成任务；

- 把我的日程表变得醒目减少了我开会迟到的次数。

然后，在你修改自己的目标时，你可能会这样："我想通过按时完成任务、开会不迟到来提升我的时间管理能力。为此，我将完整记下需要完成的任务，并让我的日程表清晰醒目。"

这个版本的目标描述了不同的行动，这些行动可以让你达到期望的结果，避免不希望出现的结果。现在你的目标就清楚地描绘了何为成功以及如何取得成功。

可衡量

确定了具体的目标之后，你要如何知道你是否在实现目标呢？思考一下你要如何记录你的进展。有没有什么标准让你可以对自己的成功或失败进行计算、打分或者评价？

某些指标可以用确切的数字来衡量。对于是否准时这一点是很容易评分，做记录的。因为你要么准时，要么不准时。你可以数一数自己迟到的次数并记录下来。

对于是否完整添加了任务这一点则较难衡量。针对这种情况，你可以在一天结束时进行反思，问自己有多少次在最后一分钟才查找到自己所要添加的任务。持续记录自己的反应，看看自己随时间推移是否有所进步。

还记得第一章里的项目经理霍华德吗？他的时间管理问题太严重了，甚至引发了婚姻问题。所以他在对工作进行时间管理，也可以将压力管理纳入自己的目标之中。那么他应如何衡量他带给家庭的压力呢？

他可以计算自己情绪冷静的具体次数，比如没有发生冲突的夜晚；他可以记录自己管理压力的行为，比如冥想；他可以让他的妻子每周给他评分，标准是她觉得他的工作压力对他们的关系有多大影响。虽然霍华德的情绪状态无法被精确量化，但他仍然可以发挥创造力，让自己的目标有可以衡量的标准。

在目标变得具体、可衡量之后，最好看看它是否是二元目标，以及它应如何指导你实现目标。二元目标是指没有灰色区域的目标。戒烟就是一个二元目标。你要么已经戒烟，要么还在抽烟。

设定二元目标会让你过早地放弃一个目标。设定渐进式目标可以使你有更多失败、学习和成长的空间。如果你在实现渐进式目标时遇到挫折，可以将其视为减速带。但在实现二元目标的过程中，挫折会对人的情绪产生巨大影响。"我失败了"很容易变成"我是一个失败的人"。

如果你的目标是二元目标，尽量重新构建目标，你的目标应为实现进步而不是追求完美。如果目标必须是二元目标，请记住，遇到挫折是很正常的，在面对挑战时也要坚持不懈。

可实现

你的目标应该是现实的目标。它们应该与你所拥有的资源和技能相匹配。最重要的是，成功所需的要素应该在你的控制或影响范围之内。

人们往往不提倡设立容易、保守的目标。相反，他们提倡设定具有挑战性的"延伸目标"。这种目标的支持者认为延伸目标可以让我们更有雄心壮志、更有灵感、更加努力。延伸目标非常适合拥有丰富的资源、经验或对此有天然兴趣的人。但我不推荐初学者设定延伸目标。如果你是刚开始做一件事，或做某件事很吃力，那么设置延伸目标往往适得其反。

本书第一章中提到的软件开发人员切尔西在尝试管理时间时，在许多方面都遇到了麻烦。她很难准确估算她的工作量，这导致她无法按期交付任务，以及在匆忙交付任务时满是错误。鉴于她目前的情况，"无误且准时交付所有任务"的目标对于切尔西来说肯定是一个不切实际的延伸目标。

因为延伸目标要求我们把自己推到极限，所以我们可能会精疲力竭。如果用尽所有努力，仍然没有实现延伸目标，结果可能会让人无比沮丧。相反，从简单的目标入手可以让你更容易取得一些成功。同时，实现简单的目标可以增进信心和动力。然后你就可以开始树立更有挑战性的目标，并开始向延伸目标进军。

切尔西应该设定一个现实的目标，比如"每天重新安排我的任务优先顺序"，而不是设定不切实际的延伸目标。这个目标应在她的能力范围之内，能够帮助她提高准确估算工作量的能力。然后，她就可以朝着更有挑战的目标努力，比如"提前一天准备好我要交付的任务以备检查"。

相关联

你的目标是否与你们公司的目标、你工作的目标、生活的目标或个人的价值观有关呢？如果你的目标与很多方面相关联，你就会自然而然地产生动力。这时，这个目标不是你必须做的事，而是你想做的事。

如果一个目标与你的个人价值观和生活目标相关，它所产生动力最为强大。无论什么时候你想让目标关联度更高，都可以借用第一章中的深层原因小练习。此时你可以想一想：

1.发生了什么？

2.对我有什么影响？

3.我为什么要改进这一点？

花点时间回顾一下你第一次做练习时的笔记。它给你带来了什么？回顾笔记会让你更有动力去改善你的时间管理，因为你已经把这件事与你的个人价值观和生活目标联系起来了。

有时限

目标不应该是开放的，而应该有特定的开始日期和结束日期，同时成功的定义应该与实现目标所需的时间相匹配。这样可以产生一种紧迫感，迫使你开始行动、保持动力，直到实现目标。这样你还可以制订计划，在计划中设置渐进式目标，让你可以查看目标进度并始终保持积极性。

比如，"完成一个项目"是一个二元目标，我们可以把它分解成几个为期一周的任务，并给任务设立具体、以结果为导向的阶段性目标，比如"上交提案"或"完成模拟"。但是像"改善我的时间管理能力"这样的渐进式目标并不适合放到这种计划中。

与其绞尽脑汁将具体、分散的成就作为目标分配到日期中，不如专注于面向过程的阶段性目标。再看一下"可衡量"这一步，然后回到你的行动列表，在继续完成这些行动的基础上为它们设置阶段性目标。

如果你的目标是九十天内提高时间管理能力，你可以将其分为六个单独的为期十五天的挑战。在每次挑战中，你都要专注于提升时间管理中某个具体方面的能力，并且始终表现出色。图3-1从SMART目标的五个维度来概述如何制定有效目标。

SMART 目标	
S	**具体（Specific）** 具体地表述出你想要完成的事情。
M	**可衡量（Measurable）** 设立小目标来衡量你是否进步。
A	**可实现（Achievable）** 你的目标是否在你能力范围之内，是否有可能实现？
R	**相关联（Relevant）** 这个目标对你的工作有价值吗？
T	**有时限（Timely）** 什么时候完成目标——用具体的数据或时间范围加以说明。

图3-1　如何利用SMART目标制定有效目标

记住要修改并重新评估

在你树立了具体、可衡量、可实现、相关联且有时限的目标之后，就可以开始行动了。在你努力实现目标的过程中，你可能会发现你的情况发生了变化，你的SMART目标不适用了。

这时就要把你的SMART目标变成SMARTER目标了。添加的"E"是提醒你根据自身情况"评估"（evaluate）你的目标，"R"是鼓励你必要时主动"修改"（revise）目标。

如果你在努力实现目标的过程中遇到了阻力，那就后退一步。想想你的目标没有达到SMART标准中哪个方面的要求？是需要改变方法，还是需要调整目标？一旦知道了阻力的来源，就可以修改你的目标，让它再次适用。

在SMART框架中加入评估和修改这两项可以帮你设定更有效的目标，让目标更加灵活，能够承受生活中出现的变数。

拒绝多任务处理

许多人认为一心多用意味着效率高。有些公司甚至会将其列为工作岗位所需的技能。但同时处理多项任务并不是一种优点，它本质上还是一种分心的状态，只是以效率作为伪装。

想象一下，你负责为一出戏剧的场景打光。你手中有一盏大功率的舞台灯可随意支配。你可以放大光束让它照亮整个舞台，也可以把它缩小成聚光灯，聚焦在一位演员身上。但你不能同时做到这两点。你只有一盏灯，它只能发出这么多光。

你周围的世界是舞台，你的注意力就是那盏舞台灯。

为什么多任务处理没用

你在注意力集中时，可以注意到你关注的对象的每一个微小细节，但会错过你周围发生的大部分事情。在你的注意力分散时，你会注意到周围发生的大部分事情，但会忽略细节。多任务处理就是要求你的大脑在同一时间完全专注于多件事情，但大脑根本做不到。

你可能以为你在同时完成这些任务，但其实你只是在各项任务之间快速切换。你的大脑确实可以快速切换，但这不是大脑的最佳工作方式。每次切换任务都会让你丧失一些工作动力。任务越复杂，你在切换时丧失的动力就越多——你的任务也就完成得越差。

有些任务无关脑力，所以损失点动力无关紧要，或者说任务结果不会受到影响。举个例子，你走在一条熟悉的街道上，和一个朋友随意谈论一个话题。这时，你的大脑要在倾听、思考说什么、说话、和不要踩到水坑这几件事之间切换。

因为这些任务都很简单，所以你的大脑很容易实现切换。但是，如果你所在的地方很陌生，你们在讨论一个复杂的话题，或者你在和一个对你很重要的人谈话，那该怎么办呢？这时，你的大脑要快速切换任务就很难了。

这就是为什么在工作中多任务处理并不可行。工作中的任务对脑力要求很高，不允许你动力不足或表现不佳。但如果你一次只专注于一项任务，你就可以在更短的时间内以更少的精力完成更多更高质量的工作。

警惕潜意识的多任务处理。在你需要专注于一项复杂任务时，任何任务的出现都会迫使你的大脑进行快速切换。如果你正在听音乐或听播客，电视却还开着，或者你在工作时仍和同事交谈，这时你的脑力就会降低，大脑将无法为你提供动力，也无法让你高质量完成任务。

打破习惯

"时间大师"可以敏锐地察觉到手头任务的复杂性和重要性。他们知道同时处理多项任务会降低工作速度和质量，因此他们会避免这种情况。但对于我们许多人来说，一心多用已经是一种习惯了。我们经常无意识地就滑入了一心多用的陷阱。那我们就来探讨一下该如何拒绝多任务处理，专注于单项任务。

在第二章中，我们探讨了在日程表上设置深度工作时段的策略。深度工作时段就是用于处理一项任务的，所以这是练习单项任务处理的最佳时机。选择你想要专注的任务，准备好所有必要的工具和材料，无情地排除所有干扰——包括任何你想要同时处理的事情。

刚开始在深度工作时段处理单项任务可能会感觉很难。但经过这种深度工作时段法的锻炼，你可以更好地抵制住处理多项任务的冲动。你会发现自己的工作进度变快了，对工作结果更满意了，你会想花更多的时间沉浸在深度工作中。但你不能一整天都在深度工作，让自己与世隔绝、遥不可及。你可以将深度工作中的一些做法应用到日常工作中，让你更容易实现单项任务处理。

调整期望

一位同事路过你的办公桌，问你有没有看到他20分钟前发给你的电子邮件。如果你当时正在吃午饭，在开会，或参与电话会议，因而没有看到邮件，你可能不会感到羞愧。但出于某种原因，我们在用某项确切的工作来解释自己延误的原因时，往往会感到不自在。

但其实，你有权对日常工作给予同等程度的重视。如果你发现有位同事对你纠缠不休，你可以直接说："我要专心做一个很重要的项目了。"他们会理解的，因为他们也有很重要的项目。

划分深度工作片段

你不能连续几小时都消失不见，扑在深度工作中。但如果你将深度工作时段划分为较小的时间片段，就可以在保证及时响应的同时有更多深度工作的时间。

尝试将手头的任务分解为你可以在大约十五分钟内完成的阶段性迷你小目标。放一个计时器，投入深度工作中。每完成一个阶段性迷你小目标或十五分钟结束时，即完成了一件任务，然后喘口气，检查一下有没有需要回应的事情。如果需要切换成日常任务，可以直接切换。如果不用，设置好下一个阶段性迷你小目标，继续深度工作。

记录干扰项

用一天的时间来追踪记录自己进行多任务处理时的状态，包括最小的细节。在手边放一个记事本，记下所有让你无法实现单任务处理的因素。

记录的内容包括与工作相关的干扰（如电子邮件或吵闹的同事）和娱乐性干扰（比如你最喜欢的购物网站或家人在群里发的信息）。如果某件事让你分心不止一次，每次分心都在它旁边打一个钩。一天结束的时候，看看你的列表。用1分到3分给每一种干扰赋分，1分表示极其干扰，2分表示比较干扰，3分表示轻微干扰。

这一步确实烦琐又耗时。但只要记录一次，你就能收集到两条宝贵的信息：你因为分心而浪费了多少时间，以及你应该首先处理哪些干扰因素。

接下来，拿起你的干扰列表，换一种记号标识。在你可以控制的干扰旁写一个"C"，在你无法控制的干扰旁写一个"X"。现在准备就绪，你就可以指定一个控制干扰的行动计划了。我们将在下一节中详细说明。

控制干扰

现在你已经确定了自己的干扰项，记录了受干扰的频率，并已标注出各干扰是否可控。现在可以想办法尽力减少这些干扰项了。首先，我们将探讨如何减少或排除最常见的"C"类干扰，即你可以控制的干扰，从而找回你失去的时间。然后我们再解决"X"类干扰，即你无法控制的干扰。

如何将可控干扰最小化

应对干扰最有效的方法就是专注。因为分心是在潜意识下做出的行为，我们往往在失去注意力之后才知道自己分心了。我们要锻炼一种意识，要始终知道自己的注意力在哪里。我们要学会注意自己是在什么时候走神的，要意识到（在工作中）你注意到新的事物实际上就是分心的表现。

清理数字干扰

所有应用程序、浏览器选项卡和网站窗口，只要是与你当前任务无关的，都是"数字干扰"。你周围的数字干扰越多，你就越容易因科技分心。所以要关闭与你当前任务无关的所有数字内容。

电子邮件和即时通信应用程序是最可怕的干扰。不要打开这些应用程序，只是定期查看一下。关闭后又要重新打开这些应用程序可能很烦人或浪费时间，但从长远来看，排除这些干扰可以为你节省更多时间，避免麻烦。

将干扰转化为奖励或任务

当你意识到自己在分心时，不要放任自流。把当下的情况记录下来。如果是与工作相关的干扰，将其放到任务管理器中，但当下不要花太多时间记录具体内容。只需记下想法，然后就回到你的主要任务。完成主要任务后再来补充记录。

如果是娱乐性的干扰，比如浏览社交媒体或阅读有趣的文章，可以将其作为完成任务的奖励。每完成一项任务，就可以没有负担地享受一下分心的感觉。

手机静音

社交媒体、游戏、新闻和其他应用程序的设计就是为了让人上瘾。每当你浏览这些应用程序时，你的大脑都会释放出一点点多巴胺，也就是一种让人感到快乐的激素。多巴胺消散后，你想起是手机给了你这片刻的快乐，你就会忍不住再次伸手去拿手机。

所以，要让自己很难接触到这些应用程序，也要"让它们更难找到你"。不要把手机放在桌子上，而要放在抽屉里或背包里。如果不行，就进入设置，找到最让你分心的应用程序，关闭它的通知。

注意身体状态

大脑的主要功能是让你的身体保持活力。如果你的身体无法获取所需，你就很难集中注意力。如果你已经尽可能保持专注，但仍然失败了，这时不妨检查一下自己的身体。你在饿了、渴了、累了或想要上厕所时，很难完成需要精神高度紧张的任务。不妨花点时间给你的身体补充点动力，而不是硬推着它向前。

如何处理不可控干扰

虽然你已尽了最大的努力，但总有些干扰是你无法控制的。但这并不意味着你就得忍气吞声、束手无策。你可以采取措施将它们对工作的影响降到最小。再看看你的干扰列表，注意那些你标记为无法控制的事情。

同事的干扰

总有一些同事不愿意让你安心地努力工作，总会有人打扰你、临时向你求助、不停地给你发消息，或用其他方式干扰你。对此，时间大师会设定自己的界限，并和他人沟通好，这样既能节省时间，又有利于职场关系。

设置什么样的界限可以减少同事的干扰呢？

积极主动的措施包括：

- 在你的办公桌上或办公室门上贴一个牌子，表明自己何时不想被打扰；

- 在即时通信应用程序上为自己设置"忙碌"或"离开"的状态；

- 主动与同事沟通自己工作繁忙的时间；

- 佩戴引人注目的耳机。

被动措施包括：

- 请同事换个时间来找你；

- 建议同事用电子邮件发送工作要求；

- 建议同事安排会议讨论问题；

- 让同事停止吵闹、安静下来，或让他们到其他地方谈话、活动。

你可能会担心这些行动是否礼貌，但其实这上面的每一条都能以巧妙的方式完成。你完全有权利设置自己与他人之间的界限。弄清楚你的理想界限是什么样的，如果有人问起，你要准备好解释缘由。

如果你的偏好与你工作中一位很重要的同事发生了冲突，你们可以通过合作达成协商。当同事尊重你的界限时，表示感谢；当同事表达他们的界限时；表示尊重。

办公室噪声

办公室的环境可能很嘈杂，但你不必苦苦忍受噪声的摧残。可以买一对高品质降噪耳机。如果你无法搬到更安静的办公环境，听听白噪声、大自然的声音、纯音乐或你熟悉的音乐，这些方法都可以帮你屏蔽掉办公室的噪声，同时又不会让你分心。但不要听不熟悉的音乐、歌词有趣的音乐，或是像播客、有声读物这样的叙事作品。这些旋律会激活你的语言处理中心，让你的大脑进行任务切换。

听听不同类型的声音。如果你找不到合适的旋律，就什么都不放。只要戴上耳机就可以减少很多噪声。戴耳机还有一个额外的好处：可以暗示你的同事，你很忙，不想被打扰。

你的情绪状态

虽然你很想控制自己的思维和情绪，但有时确实控制不了。在你情绪充沛时，无论是积极的还是消极的情绪，都会让你难以集中注意力。但你可以影响情绪。如果你的情绪状态让你分心，不妨休息一下。闭上眼睛，深呼吸。承认自己当前的情绪，并提醒自己此刻什么最重要。

在设置SMART目标时要体现你的想法，并提醒自己为什么要专注于手头的任务。提醒自己要用时间管理的办法，让你的大脑重新集中注意力。尽可能多这样做，让自己平稳度过情绪爆发的时段。

管理干扰既是一种习惯，也是一种技能。找到适合你的方法，填充你的技能库，需要你对这些方法加以练习。如果有些方法不适合你，就放弃再尝试新的方法。

你不可能一夜之间就能不再分心。但你可以继续采取积极主动的措施来削弱它对你的影响。比如，有意识地辨别自己何时在分心，发现自己分心之后将注意力重新转移到工作上。多多练习就会变得越来越容易，最终这些措施就成了你的本能。

小贴士：减少干扰的工具

许多手机应用程序都可以帮助我们管理干扰。虽然很讽刺，但有时，要摆脱科技对我们注意力的束缚，最有效的办法是用更多的科技产品来对抗它。

苹果手机的"屏幕使用时间"（Screen Time）和谷歌公司的"数字健康"（Digital Wellbeing）都是移动端专用应用程序，都可以记录你的手机使用量。这两款应用程序都可以显示你查看手机的频率，屏幕使用时间以及每款应用程序使用时间。如果你希望自己少用某款应用程序，你可以对其设置时间限制。这两款应用程序都是免费的，分别适用于苹果和安卓系统。

"挽救时间"（RescueTime）也是一款时间管理软件，它会自动跟踪你的手机使用情况，形成一份总结，显示你在不同应用程序和网站上所用的时间。你可以利用这份总结找到自己分心的原因。然后用这款软件的阻挡功能，防止你在工作时使用让你分心的应用程序。它适用于台式机和移动设备（适用于苹果和安卓系统），会向用户收取年费。

确定优先顺序

在第二章中，我们接触了以任务重要性和紧迫性为衡量标准的4Ns优先排序法。记住，这是一个分类系统，可以为你提供一种快捷有效的方式，用以区分任务的优先级，并使其有序：

1.现在做：重要性高，紧迫性高；

2.稍后做：重要性高，紧迫性低；

3.不归我做（或不归我本人做）：重要性低，紧迫性高；

4.不必做：重要性低，紧迫性低。

但有时这个办法还不够，你还需要更多指导。如果任务有多个来源，你会怎么做？如果你的"现在做"事项列表非常长该怎么办？你的上司应该是你最优先考虑的资源，你应该经常咨询他。但你也不能过度依赖你的上司，不能每天多次让他重新帮你安排待办事项。那么，在你对任务的重要性和紧迫性了解并不充分时，你会怎么做？考虑任务的影响力和资源密集度。

你已经设定了SMART目标，你的公司也有重要的业务目标。列表上各项任务对你的目标和公司的目标影响有多大？每项任务都需要一定的时间和精力。此外，你可能还需要投入其他资源，如资金、他人的支持、实物供应。那么这项任务的资源密集程度如何呢？

专注于高价值活动

对你的目标或公司目标有重大影响的任务即为高价值活动。这些活动值得你花费时间和精力，因为它们的投资回报率极高。如果你首先专注于这类活动，花费了时间，即便不能得以继续完成列表中的其他任务，你也不太可能会后悔。以下即为处理高价值活动的方法。

评估高价值任务的资源密集度。并非所有高价值活动的资源密集度都相同。有些活动更复杂，对你或你的团队要求也就更高。这些"任务"更像是项目。因此，当你执行影响重大且资源密集的任务时，务必向你的上级和所有相关人员确认相关信息。

确保任务可完成，并能得到相关人员的支持。在确定获得所有相关人员的支持之前，不要开展资源密集型任务。否则，很有可能你在项目上花费了精力，但项目在执行过程中失败了。如果你无法获得相关人员的支持，这个项目就不应被视为高价值活动。

将复杂的项目分解为可实现的小任务。 如果你接受了一个复杂的项目并获得了支持，可以把它分解成更小的任务，这样它就不会让你感到如此有压力了。

与相关人员沟通。 要保持沟通渠道畅通，确保每个人想法一致。最重要的是，如果你遇到困难，一定要寻求帮助。在资源不足的情况下还要努力完成任务，就是在浪费时间。

还记得第二章里的助教米奇吗？他的高价值活动包括批改论文、做研究和辅导学生。对这些任务进行优先级排序就意味着他首先要完成最重要的工作。

批改论文和辅导学生是高价值任务，但通常并不复杂，也不困难。而且在辅导学生学习的科目上，他已经是专家了。所以他只需要投入一点时间就够了。

但他的研究项目对脑力要求更高，需要更多时间，而且还包含很多的小任务。他还需要依靠其他人来实现研究目标，比如其他研究生、研究对象或他的导师。所以，他要不停地想办法，在保证研究质量的前提下，提高研究效率。

委派或搁置低价值活动

你可能会分配到一些对你的目标影响较小的任务。一般来说应该避免接受这些低价值任务，但有时低价值任务也值得完成。因为低价值并不意味着没有价值。以下是处理低价值任务的方法。

评估低价值任务的资源密集度。如果这些低价值任务的资源密集度也很低，那你可以迅速将它们淘汰掉。这种方法可以帮助你累积胜利，为你增加前进的动力。但要注意，你在低价值活动上花费的资源仍在增加。最终会到达一个临界点，而你所付出的努力会在其他地方更好地体现出来。

重新评估所有低价值、高资源密集度的任务。如果一项低价值任务的资源密集度很高，想办法避开这项任务。并且和相关人员交流一下，看看他们是否了解这项任务的复杂度。因为不熟悉你工作的人可能并不知道这些任务到底有什么要求。你可以介入，与他们交流，让他们有机会调整或撤销这项任务。这样可以增进彼此间的信任。

与相关人员沟通。可以向他们提问，让他们清楚地告诉你所执行的任务的目的。另外，关于这项任务与公司总体目标的契合度，你可能知之甚少。所以，要想办法获取更多关于其价值的信息，这些信息可能会提示你重新确定其优先级，并更快开始行动。虽然通过对话获取信息可能会让你觉得进度较慢，但实际上你是在用时间做投资。关于任务的具体信息，你知道得越多，就越能更准确地确定其优先级，也就越能更高效地完成任务。

阿里尔是第二章中米奇协助的那位教授，她拥有超强的时间管理能力。作为一位有影响力的政治学学者，她管理时间的一个方法是，将对自己而言价值较低的任务委派给米奇。

这些任务有时与管理相关、乏味烦琐，对米奇来说也没有很高的价值。但米奇没有其他人可以委托，所以在批改论文、辅导学生和做研究之后，他要优先安排这些事情。因此，米奇和阿里尔必须就任务的价值进行沟通，这一点至关重要，因为只有这样，米奇才能获取完成任务所需的所有信息，才能在正确的时间完成任务。

将你的知识运用到计划中

现在，每项任务应具备四个特征：重要性、紧迫性、影响力和资源密集度。你可以据此开始安排任务了。但沟通仍然很关键。你的工作不是孤立存在的。每项任务都有利益相关方，他们希望你按时交付高质量的工作成果。你在达到阶段性目标时，记得要检查任务内容，看看是否有更改。

同时要与那些执行低优先级任务的人保持一致，这一点特别重要。因为这项任务虽然对你来说是低优先级，对于他们来说却是高优先级任务。所以他们应该知道什么时候需要交付最终成果，或是能够获取关于任务进展的最新信息。此外，同任务相关人员保持一致可以增进彼此间的信任，有益于你的职业声誉。

利用此优先级模型制订工作计划可以让你思路更清晰、更有方向。开始使用时，你可能还需要在任务管理器中记下各项标准。但是，在你寻找必要信息，不断评估任务的过程中，优先排序法就变得自然而然了。随着时间的推移，你也不再需要用符号进行标示了。

本章开头提到的迈尔斯是我们的用户体验设计师，他也不会突然就学会拒绝了。他需要过一段时间才能学会拒绝同事提出的无关请求。但在养成主动沟通和定期调整优先顺序的习惯后，迈尔斯可以开始将他那看似无穷无尽的待办事项列表变成工作计划。由此，他将注意到什么样的任务总是排在列表底部。所以，之后当有与自己本职工作无关、低价值的求助任务来临时，迈尔斯会更容易说不。

四

你的秘密武器：应急计划

从便利贴到青霉素，创造力在许多伟大的人类发明中起到了重要作用。从农业到航天，人类文明的进步也离不开我们利用过去预测未来的能力。但是，只有当我们把创造性和目的性结合起来时，我们才能在成长、创新和成功方面取得非凡的进步。

"周四的猝不及防"

梅尔是一名工作了十年的社工，她在工作中帮助了成千上万的家庭，但她看到这些家庭往往有一个共同的问题。父母总是在努力保持家庭幸福、家人健康，却总是忽略了两件事：技巧和支持。她相信她的机构可以通过积极主动的方式让这些父母知道，他们距离成功还缺少什么东西。她知道她可以帮助他们避免出现家庭问题，不用被她这样的社工打扰。

她起草了一份为新手父母举办系列研讨会的提案，并提交给了她的主管罗伯特。三周后，她获准举办八场研讨会，获得营销团队二十小时的服务，还有一万两千美元的经费。她无比激动，决定开始准备。

活动第一步进展十分顺利。她请了一位很棒的演讲者来教父母如何管理压力。当地社区中心提供的日期正合她意，而且有足够的空间容纳她想要接待的50对夫妇。餐饮开支低于预算，还能提供非营利性折扣。万事俱备，只待参与者了。

这时事情开始出问题了。

文斯是分配给梅尔的创意营销助理，但他明显不知所措。他交付的任务越来越落后于计划。到宣传活动准备开始时，离研讨会只有十天的时间了。梅尔收到了四十一对夫妇的回复，但只有十六对确定能来。

梅尔为这些空着的座椅焦头烂额，以至于演讲者轻拍她的肩膀时，她一下子跳了起来。原来是网络无法正常工作，导致演讲者无法打开演示文稿。而活动预计十分钟后开始。

梅尔想去行政办公室找人帮忙，但那里的灯都已经关了。社区中心的协调员带梅尔进来后不久就已经离开了。她只得向演讲者道歉，因为她也对网络问题束手无策。

演讲者只得在没有演示文稿的情况下继续演讲，梅尔这时才注意到餐食配送问题：送餐迟到了。餐食终于送达时，梅尔惊恐地看着那些为五十对夫妇准备的食物，但隔壁房间只有十六对夫妇。她忘记更换餐食数量了。

这时她听到掌声响起，研讨会已经结束，于是她回到主房间。现在是交流时间。梅尔感谢大家的到来，然后指引他们去享用一场过于盛大的宴会。她穿梭在参与者中间，鼓励这些父母享受食物、互相交谈。她向一位母亲打招呼，但这位母亲问为什么没有适合素食主义者的食物。梅尔又不停地道歉，心里无比自责。她怎么就没想到呢？

随着活动接近尾声，梅尔收集了评价卡，鼓励父母尽可能多带些食物回家。她翻了翻卡片，做了个鬼脸。里面不瘟不火的评论已经算是最正面的反馈了。多数卡片都表示很失望。他们称这次活动毫无秩序、令人尴尬，而且不专业。梅尔如果想看到诚实的评价，就确实没有理由责怪他们。

而且罗伯特一定很不高兴。

这种情况阐明了一个重要观点，且适用于所有负责大型项目的人。有些任务最好是通过临场迸发出的创造力和独创性来完成，而其他任务则必须有严密的规划。但最重要的任务需要两者兼有——尤其在事情出差错时。在面对现实和计划之间的巨大差距时，你很容易惊慌失措。但是，即便生活向你抛出曲线球，你仍然可以打出本垒打。在遇到障碍时，取得成功的办法就是准备应急计划。

为工作制订应急计划

应急计划不仅仅是针对地震和间谍任务的，它同样适用于普通问题，比如表演团队中有位关键人物生病了，出现技术故障了，比如Wi-Fi断了，或有人忘了带点心。"时间大师"会将制订应急计划作为一种常规的工作方式，让突如其来的障碍尽量少浪费他们的时间。有一种简单方法可以让这类计划可视化，那就是画一幅应急树状图，让你可以追踪到每一个可能出现的问题并做出响应。我们将在本章后面部分具体介绍。

制订应急计划其实很简单：用头脑风暴的方式设想计划可能失败的所有情况，然后明确如果出现这些问题，你要怎么做。制订应急计划时既不要过于悲观也不要过于乐观，符合实际就行。生活中有太多变数，不会让你的计划每次都顺利进行。为可能出现的风险做好准备，让你的计划灵活应变，这样即使在充满挑战的环境中也能取得成功。

确定潜在风险

制订应急计划的第一步是风险评估。这是因为每个任务或项目都依赖于特定的先决条件，条件具备才能取得成功。有时这些先决条件很简单。比如，清空电子邮件收件箱只需要有功能设备、互联网、密码和一点点时间。但更大、更复杂的项目，比如举办活动，就需要更多、更复杂的先决条件。你可能需要为某场活动做一个展示、提供餐饮或要制作一个视频在会上播放。而每个先决条件都是一个潜在的失败点，都有潜在的风险。

每项任务或计划的所有先决条件并不同等重要。一些关键的先决条件可能会对你的工作产生巨大影响，而其他的影响则要小一些。例如，要向企业领导人做互动演示，那么Wi-Fi就是一个很重要的先决条件，如果此时互联网瘫痪了，那么你的工作就会彻底混乱；但如果只是其中一位领导迟到了，那就很容易解决。

在做这一步时，要尽可能多考虑现实情况下，你能想到的、可能会出错的部分。想象一下这些潜在的风险会如何影响你按时完成项目的能力。在这个步骤中，要尽可能扩大想象，放大各种情况。

不要急于评估自己的想法，到后面再评估。与其过早地限制自己而错过一些重要的东西，不如先找到更多可能性，再缩小范围。

我知道，在准备一件让你兴奋的事件时，让你考虑所有可能出现的风险很难。我和我的客户在讨论这个问题时，我会让他们看这份清单：一个让你开始思考这个问题的起点。等你掌握了窍门，考虑这些问题就成了你的本能。

时间

- 必须在特定的日期或时间完成吗？
- 是否有必须完成什么阶段性目标才能保证你没有偏离轨道？
- 有些部分所需的时间是否比预期要长？

成本

- 你需要获得或决不能超过某项特定的预算吗？
- 获得资金是否需要流程？

- 是否有某些部分的成本可能超过预期？

相关人员

- 需要其他人向你交付任务吗？

- 需要其他人批准吗？

- 需要其他人参与吗？

资源

- 需要什么材料或设备吗？

- 有什么物品需要送到某个地方吗？

- 是否打算与外部供应商合作？

环境问题

- 你的任务或项目受天气影响大吗？

- 当地活动会影响任务吗？

- 国家大事会影响你的任务结果吗？

技术领域

- 你需要连接网络吗？

- 你需要音频/视频功能吗？

- 你是否需要学习专业知识才能设置或操作设备？

你在确定这些先决条件时，可能会发现风险太多了，感觉不堪重负。但要记住，你不是在一一设想有哪些潜在的风险，因为你相信现实中总会有意外发生。你只是在为意外做好准备，避免出现更大的问题。

对风险进行优先排序

确定有哪些潜在的风险之后，现在就要针对风险制订计划了。适当花点时间对风险进行优先排序，可以让你为风险来临做好准备。

我喜欢用下面这个影响–概率模型图（图4-1），它可以帮助我们迅速找出风险、关注重点。将你找到的风险绘制到模型图中，你就可以知道，应对哪些风险需要提前规划，应对哪些风险更需要随机应变。你还会发现，有些任务对你的成功至关重要，应该排在第一位。

对每个潜在风险进行评估。判断哪些最有可能发生，哪些影响最大。

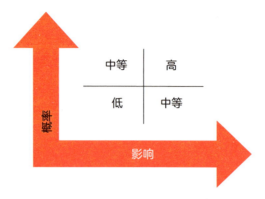

图4-1　影响-概率模型图

一旦你确定了某个潜在风险在图中所在的位置，就要切实考虑该如何制订应急计划来应对这项风险了。对于较为简单的任务或项目，你可能只需要花几分钟的时间思考你该如何应对可能产生的最严重的结果。而相对复杂的任务可能需要多开几次会，做几页文件，让相关人员参与，讨论形成计划。而涉及数百万美元的建设性项目由于其成本高、内容复杂、涉及多方利害关系，因此就需要制订详细周全的应急计划。但如果只是给客户简单做个演示，可能只需要和同事迅速交流一下就可以了。

为你发现的每项风险做好相应的应急计划是一件很有诱惑力的事，对于完美主义者来说更是如此。但有一点要注意，要避免让应急计划变得无用，这样反而成为一种干扰。只有在确定某项目值得受重视之后，再对相关中低风险制订应急计划。

让相关人员参与其中

应急计划未能受到它应得的重视，因而在工作中还并不常见。一个项目获得批准时，同事和其他相关人员通常会兴奋地开始行动起来。但他们可能会犹豫，是否该暂停项目而制订必要的应急计划，因为这就意味着会有额外的工作，因为可能有人认为这是在浪费时间，因为做应急计划似乎让人感觉很悲观，还有人认为应急计划可能会带来坏运气。

由于应急计划很重要，所以你要做好准备，努力为它赢得支持。先解释我们要为何要制订应急计划。因为让每场活动、会议或报告都按照我们的想象进展是不现实的，所以要确保你的团队有备用方案，这很关键。这里说的备用方案可以很简单，就像为笔记本电脑准备两组转接线，都可以接入投影仪。备用方案也可以是，让活动中心的管理人员知道你要为最后到场的参与者提供额外的椅子。你要强调制订应急计划的目标是为你和团队取得成功做好万全的准备，而不是为了增加工作量或是让大家扫兴。你要清楚明确地表达出你对大家的要求。规划好大家参与应急计划预计所需的时间和资源。而且一定要让他们知道这个过程对他们有何益处。

以身作则，尽可能提前做好繁重的工作。可以将你最初的想法整理成电子邮件或文档，分享给相关人员，邀请他们与你合作。还可以请他们帮你制订更强大有力的应急计划，节省所有人的时间、精力，同时减少困难。

起草计划

在确定存在哪些风险，做好优先排序，让相关人员参与制订应急计划之后，就可以起草计划了。你的应急计划分为三个部分：风险、触发因素和应对措施。

在你制订计划时，无论你是要提出一条有深度的建议，发一封经过深思熟虑后写出的电子邮件，还是要迅速发一条即时消息，都一定要清楚并记住行为的对象。不要假设对方获取到的背景信息和你一样。可能团队中有人能理解字里行间的意思，但你的上司或不同团队的人可能就需要更多背景信息才能理解。所以，你的计划中应当包含任何人可能需要的所有背景信息。

计划中应具体说明，什么情况意味着风险已出现，以及何时应对风险。在你冷静、头脑清晰时，提前确定触发风险的因素。这在高压状况或参与人员众多时很有帮助。因为在你或你的团队面临巨大压力时，你们可能会表现得过于急切或犹豫不决，导致你们无法应对出现的问题。

举个例子，如果你的项目需要晴朗的天气，但天气预报有雨时，你是否会立即启动应急计划呢？还是等待天空重新放晴？但如果是暴风雨来袭，你就不会浪费时间考虑何时采取行动，因为你的计划已经说明了应在何时何地采取行动。

确定触发风险的因素后，列出应对大纲。应包括：你将如何处理这个问题？你需要降低对成功的期待值吗？你是否需要调用其他资源？你需要与其他人沟通吗？记录这些需求并将其反映在你的应对措施中。

接下来，确定需要提前整合的资源或相关人员，方便实施应急计划。确保你所需的人和物当前可用，而且在你需要时也可用。比如，如果你的应急计划需要额外的人员，你要确保在计划实施时，他们能就位。还有一点也很重要：在你需要他们时，他们一定要能够随时进入状态。

最后，评估一下是否可以避免、控制或分担各项风险。而应急计划的最大好处是，它可以帮你了解是否可以降低风险出现的概率或它带来的影响。

我将其分为三类：

- 避免风险：避免风险的措施可包括多带一台设备或更新软件系统；

- 分担风险：分担风险的措施可包括购买保险或协商制订一个取消活动的方案；

- 控制风险：控制风险的措施可包括带上雨披或打印多份讲义。

但是要规避所有风险是不可能的，所以你仍然要制订应急计划。不过采取一些积极主动的措施可以降低触发风险的可能性。

最后，要记住，你的应急计划一定要保持更新，这样它才能起作用。如果你制订的是一个长期的计划，设置一个时间提醒自己进行检查并进行修改。如果你添加了新信息或做了更改，要确保所有相关人员都能看到最新版本的计划。然后找到旧版本并删除。

画应急树状图

既然你已经了解了制订应急计划的过程，那么我们来看一个例子吧。梅尔是一名社工，她非常兴奋，因为她要为新手父母们举办一系列的研讨会，施展自己的创业才能。但在她的第一次活动中，一切都没有按计划进行。如果她在第二次活动开始之前制订一些应急计划，会怎样呢？

虽然梅尔计划安排了八场研讨会，但每一场的活动基本上都是一样的。她邀请参与者到社区中心向专家学习。而后，他们会一边享用清淡的点心，一边讨论。那梅尔应该制订什么样的应急计划呢？应急树状图可以帮助她设想可能出现的问题，并告诉她如何应对这些问题。

梅尔的应急树状图

应急树状图的第一组分支是成功的先决条件，那么决定梅尔能否成功的先决条件是什么呢？

- 合适的场地；

- 功能设备；

- 合格的演讲者；

- 餐食充足；

- 参与人数充足；

- 参与者满意度；

- 预算充足。

以上每一点都是潜在的风险，我们看到，梅尔的第一次研讨会就出了一些问题。而梅尔的应急树状图中的第二组分支就是她在第一次活动中遇到的问题。

- 她成功预约了社区中心的场地，但活动当天中心的网络无法正常工作。

- 餐饮开支在预算之内，但她订的餐食过多，而且没有考虑到素食主义者。

- 宣传工作出现延误，导致参与人数未能达到目标。

- 由于问题太多，许多参与者都对这次活动感到不满意。

所以，梅尔原本可以通过制订应急计划来避免这些问题。那么，在她开始筹备她第二次研讨会时，她应该考虑针对哪些风险制订计划呢？

- 如果场地取消了怎么办？

- 如果缺少必要的技术或设备怎么办？

- 如果演讲者来不了怎么办？

- 如果餐饮送达，但有差错或味道不好怎么办？

- 如果宣传材料质量差或没有成效怎么办？

- 如果她开支超过预算怎么办？

- 如果活动当天天气恶劣怎么办？

然后，她需要确定哪些风险对她的研讨会威胁最大。

考虑到它们的影响和概率时，有一些风险较为突出，需要着重考虑。场地问题影响很大，但出现问题的可能性较低。宣传问题影响很大，出问题的概率也很大。虽然演讲者缺席的可能性最低，但如果真的出现这个问题，她就得被迫取消研讨会。这其中的每一项问题都应该纳入梅尔的二级分支。

接下来，她需要让相关人员和她一起制订应急计划。考虑到第一次活动出现的问题，她的老板罗伯特应该会很愿意参加，并且鼓励她未雨绸缪。但要让营销协调员文斯参与进来可能需要耗费一些精力，因为文斯可能会觉得，让他参与这个计划是在报复他，因为他没有及时交付任务，或者他没有时间做这些额外的工作。如果梅尔想专注于他们的共同目标，把研讨会举办成功，她可以不顾及文斯的反对，自己制订更多应急计划。

现在梅尔就可以制订计划了。她的资源有限，活动相对简单，而且时间紧迫。所以，她不必为每一个可能发生的意外都制订一个详细的计划。梅尔选择将重心放在场地、宣传活动和演讲者上。对于每一个风险，她都需要决定何时加以避免、控制、分担或予以应对。

对于场地问题，她决定想办法解决设备上的风险。她写了一张便条，提醒自己在活动当天的早上要给社区中心打电话。如果他们没有准备好足够的桌椅，她要知道该找哪家租赁公司应急。她准备用部分预算购买Wi-Fi热点，解决网络问题存在的风险。如果预定的场地被取消，她就将研讨会改为线上活动。

她仔细研究了每一项高风险因素，将对应的计划列为应急树状图的第三级分支。梅尔把所有的想法都组织好后，就将应急树状图分享给罗伯特和文斯，并让他们给出反馈。然后将他们提出的想法加上，形成最终版本的应急树状图。他们将树状图上的内容展开，就形成了一页简单的文档，简要概述了风险，触发风险的因素和应对措施。

第二次研讨会并不完美。宣传活动几乎又被延误了，但梅尔简化了她的要求，让宣传活动得以按时进行。甚至在截止日期前六天，就已经有足够数量的参与者回复她了。活动当天，所有座位都坐满了，演讲者表现得很精彩。甚至当社区中心的Wi-Fi再次出问题时，参与者几乎都没有注意到。不过梅尔提前设置了热点，演讲者的电脑自动切换到了正常运行的网络。梅尔翻看评论卡，上面都是参与者的夸赞。

第二天，她和罗伯特和文斯见面回顾昨天的工作。他们庆祝了工作中的成功之处，并更新了应急计划，寻找缺憾之处的原因。梅尔用了几小时制订应急计划，最终取得了更高质量的工作成果，同时还节省了时间、资金、精力，避免出现失误。

风险评估

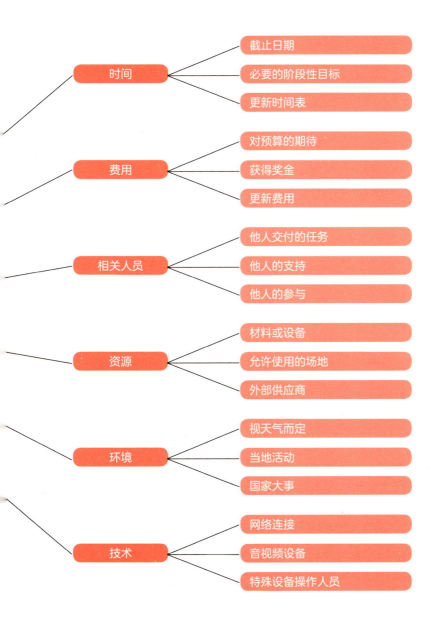

时间
- 截止日期
- 必要的阶段性目标
- 更新时间表

费用
- 对预算的期待
- 获得奖金
- 更新费用

相关人员
- 他人交付的任务
- 他人的支持
- 他人的参与

资源
- 材料或设备
- 允许使用的场地
- 外部供应商

环境
- 视天气而定
- 当地活动
- 国家大事

技术
- 网络连接
- 音视频设备
- 特殊设备操作人员

现在轮到你了

我们每天开始工作时，往往踌躇满志，但很少有计划可循。制订应急计划可以节省你的工作时间。我们可以从创作一幅应急树状图开始，完成之后，你明天就可以开始使用了，完全可以将其用于日常工作。在这两页的框框里填补上内容来绘制你自己的计划吧。

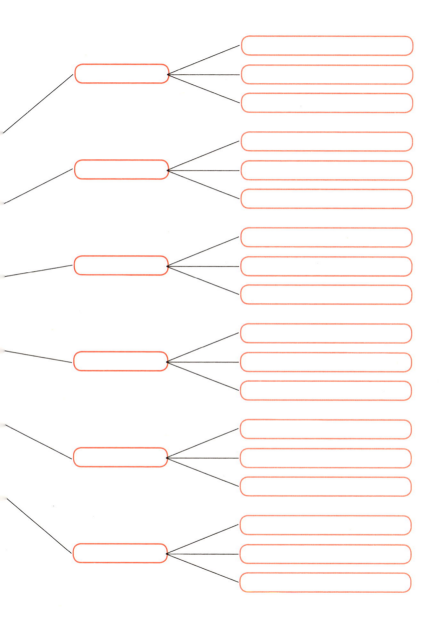

创建你自己的分支：

　　拿出笔记本，仔细思考以下问题，帮自己找到工作中的潜在风险。最后，你可能会发现自己有一大堆潜在风险，但不要被它们吓倒。在这个阶段，你需要先扩展这些风险的内容，稍后再提炼。

时间

- 你必须在固定时间工作吗？

- 你的截止日期一般是什么形式的？

- 你一般有多少次会议？

- 是否有工作必须在一天内或更短时间内完成？

- 是否有哪项工作所用时间比预期长？

费用

- 你的工作需要管理或获取预算资金吗？

- 要获得资金是否需要什么流程？

- 是否有哪个部分的成本不可预估？

- 一般预算是否足以让你按时完成工作？

- 如果你无法获取所需的资金该怎么办？

相关人员

- 你是否需要他人向你交付任务、是否需要他人的批准

  或参与？

- 这些人是内部人员还是外部人员？

- 是否有哪个人会让你一天的工作变得复杂？

- 公司竞争对手的活动是否会直接影响你的工作？

- 你是其他人某项工作的相关人员吗？

资源

- 你需要什么材料或用品？

- 你经常使用什么设备？

- 你会与外部供应商合作吗？

- 你是否需要为其他人提供资源？

环境因素

- 你的工作需要在特定地点完成吗？

- 你的工作是否受天气影响？

- 周边是否存在干扰性因素（比如噪声、同事的干扰）？

- 你的工作是否会根据一年中时间的变化而变化（比如返校季节、缴税期）？

- 你的工作会受新闻、时事影响吗（比如选举、名人婚礼）？

- 当地发生的事情对你的工作（比如游行或集会）有影响吗？

技术细节

- 你需要网络连接吗？

- 你需要某项特定技能来操作你的技术工具或设备吗？

- 您是否具备工作所需的所有技术？

- 你的技术设备质量好吗？运转正常吗？

- 谁负责为你提供或维护设备？

现在，你可能发现自己有一大堆潜在风险，但不要被吓倒。继续专注于制订应急计划，让它在出现问题时为你节省时间。

现在你已经找到了潜在风险，可以考虑针对哪些风险制订计划了。下面将教你如何制订计划。

对风险进行优先排序。这一步可以让你用适当的时间为适当的风险做好准备。

用影响/概率模式图对每个潜在风险进行评估。判断哪些风险最有可能发生，哪些影响最大？哪些风险问题严重，需要提前花时间制订相应计划？

让工作中的相关人员参与进来。如果他们可以参与制定你的应急计划，对你有帮助吗？如果有，告诉他们，你想利用应急计划来改变你的工作方式。向他们解释，应急计划可以如何帮助你变得更有效率、更有成效、更能坚持。一定要让他们知道，你要制订计划，但你也需要他们的想法、支持和反馈。

写下你的计划。你的计划应该是什么样子的，应该把它放在哪里？不要让你的应急计划仅仅停留在思想上。即便只是写在便利贴上，贴在办公桌上也比只靠记忆强。根据你工作的复杂程度判断，你需要写下来的内容远不止这些。如果你要与他人共享计划，记得计划中要包含他们所需要的所有背景信息。

聚集所有资源。你要确保一旦风险被触发，你可以立即调动你拥有的所有资源，将你的应急计划付诸行动。如果噪声是风险，你的计划就是拿出一副耳机，你一定不希望因为找不到耳机而被风险所困吧。

采取措施降低风险。想办法避免、控制或分担风险通常可以节省时间。

设置一个将来重新审视你的计划的时间。如有必要，准备好更新计划。

应对突发事件

你可以尽最大努力为解决问题制订计划，尽最大努力主动预防问题出现。但你终究无法预测未来。事情总会以你意想不到的方式出差错。这并不意味着你没有做好准备或没有计划。这只是意味着尽管你已尽了最大努力，生活仍然不可预测。

我可以自信地说，2019年时，几乎没有人会将"疫情"列入应急计划。但到了2020年，我们都发现自己正被迫应对一场我们从未想象过的危机。每个人的生活和工作方式都被打乱了。我们每个人都必须决定自己要努力保留什么，想要改变什么，以及选择放弃什么。

如果意外来临（意外一定会来临），你可以决定如何应对它。你可以惊慌失措，但这可能让你无法充分利用有限的时间。你应该在何时完成这项任务？你应该在何时寻求帮助？你应该在何时调整你的期望或目标？你应该在何时洗心革面，重新生活？让我们一起来探讨如何应对突如其来的挫折和障碍吧。

最后的努力

有些问题虽然来得突然，但并没有严重到足以影响你按时完成任务的能力。如果你停下来稍做整理，就有可能重新回到工作状态。但有些问题又如此严重，足以让一切偏离正轨。所以，你应对突发情况的方式会带来两种截然不同的结果：惊人的成功和灾难性的失败。

你可能会本能地进入危机模式。但你最不希望发生的事就是让焦虑或压力产生的情绪反应控制你。那么，深呼吸，拒绝危机模式，进入危机反应模式，冷静应对问题。

你要做的第一件事是决定你是坚持还是放弃。如果你的目标仍然可以实现，你可能想要适当调整并坚持下去。比如，2020年，因为新冠肺炎疫情的影响服务业和餐饮行业受到沉重打击。不幸的是，许多企业都没能存活下来。而那些存活下来的则可以教会我们如何在面对突如其来的困难时保有创意、韧性和智慧。

调整适应法要求我们暂时不要执着于"如何做"，而专注于"为什么"，即你想完成什么，为什么。餐馆要出售餐食；教练要推销私人健身服务。这两者都要卖出产品才能继续经营。理想情况下，它们的销售活动都发生在餐厅或健身房。但有一些精明的老板意识到，他们的目标可以以不同的方式或在不同的背景下完成。

足智多谋的餐馆经营者投资了新技术，让外卖和堂食送餐更加方便。有些餐馆开设线上烹饪课程，请有创意的培训师开设在线和户外课程。它们就没有恐慌，而是适应了突发情况。

如果一个突如其来的问题让你的计划陷入危机，这时想想你任务的最终目标。问问自己这些问题：

- 如果给你更多的资源（如时间，资金，人力），你能完成吗？

- 你的应急计划中有什么内容可以调整一下来解决此问题吗？

- 这个问题本质上是暂存的吗？它会随着时间的推移自行消失吗？

如果这些问题的答案是肯定的，那就继续坚持。只需保持一点毅力，你就能回到正轨。如果答案是否定的，请思考以下问题：

- 是否有其他方法可以实现这项任务的最终目标？

- 是否有可能改变成功的定义？

- 是否有不同的结果可以被视为"不错"？

如果关于这些问题的答案也是否定的，你应该考虑放弃了。但如果关于这些问题的答案是肯定的，那就还是坚持但要做一些调整。在这种情况下，你仍然可以实现你的目标，但你必须改变方法才能实现。

如果新冠肺炎疫情影响到梅尔的活动，她能让她的研讨会系列继续吗？

即使有再多的资源，梅尔也无法阻止州长关闭她的场地。人们不会让她的演讲者或参与者参加研讨会，因为他们不会以自己的健康为赌注。追求更多的时间、金钱或员工都是一场空。最终，梅尔会取消所有活动。

不过，梅尔在应急计划中确实提到了最后一分钟预订的场地被取消的情况。在这种情况下，梅尔计划使用视频会议软件。许多教育行业从业者在应对政府的封锁政策时也采用了这个方法。但这个方案只实现了她最终目标的一半。

网络研讨会可以向新的学员传授技能，但不能让学员相互联系、相互交流，也无法形成互帮互助的社区氛围。梅尔需要进一步调整。

她可以利用社交媒体为新手父母建立一个在线互助社区。这不是她曾经的设想。但是，在这种情况下，对于梅尔来说，成功有了新的定义，而且有意义。她可以设置一个新目标：让一半的参加者加入在线社区。

虽然她最初的计划发生变化了，但结果仍然符合她的基本目标以及她所在机构的目标：帮助新手父母成长。因此，梅尔花时间评估并调整了自己的方法，节省了执行的时间，最后仍然取得了不错的结果。

小贴士：如果需要重置计划，请与相关人员沟通

如果你的计划遭遇了挫折，偏离了方向，你可能会感到不安、焦虑或有压力。但这时要克制住想要私下里解决问题的冲动，因为这可能适得其反。相反，你要主动与相关人员沟通，这样会让你显得值得信赖、认真负责且称职能干。

这里有一个提纲，可以让你自信地与人沟通：

表明你已准备就绪： 向相关人员展示，为了获得成功，你是如何安排项目的，从而传达出这样一种信息，即你已尽了最大努力避免出现挫折。

解释清楚因果： 说话要简洁，但也要考虑你的听众。不要让对方去猜测你字里行间的潜在用意。

给出你的应对计划： 概述你计划如何应对危机，以及你为什么相信计划会有效。

让相关人员参与进来： 将你的计划与关键目标联系起来。

寻求反馈： 告诉他人，你对如何改进你的方法或防止未来再遭遇挫折持开放态度，希望得到反馈。

接受并继续前进

我们都曾有为某件事坚持了很久的经历。可能是一段注定要终结的关系、一份没有前途的工作或者一段糟糕的生活境遇。回想起来时，我们往往可以找到那个我们本该放弃的转折点。但最令我们痛惜的是什么呢？是被浪费的时间。

心理学家将我们犯的这种错误称为沉没成本谬误。在这种情境下，我们无法看清现状，只专注于我们的期待，以及我们已经投入的成本。这就导致我们想要投入更多资源，而无法承认失败。沉没成本谬误给人的幸福和潜力造成了难以想象的损害。

在2020年新冠肺炎疫情带来的诸多限制下，仍有些行业能够凭借创造力和勇气取得成功。而其他行业则被迫放弃原有的计划。娱乐业无法安全运营，不得不停顿数月。制片方被迫无限期地推迟电视和电影的录制。许多剧院、音乐厅、体育联盟和竞技场都取消了整个季度的表演或比赛。尽管沉没成本高达数十亿美元，但他们毫无办法，只得接受。

你面临的下一个危机可能不会像疫情一样不可避免。但在情况危急，却仍有毅力坚持时，你该怎么办？继续坚持只是一种选择，但这并不意味着它就是正确的。你可能会因为有承认失败的想法而感到恼火。你也可能仍然抱着希望，认为情况可能会有好转。

你可能讨厌中途放弃的想法，因为你不想浪费你已经付出的所有努力。这正是沉没成本谬误的矛盾之处。你不该再把时间浪费在不值得坚持的事情上了。

- 放弃乐观，面对现实，诚实地看待成功的可能性。
- 计算坚持所耗成本，并将其与成功的概率进行比较。
- 从现实的角度，对你当前所取得的成功进行评估。
- 判断在存在风险的情况下，为获得潜在收益而付出相应的成本是否值得。

总有一点会让你觉得，成功的概率或价值是如此之低，以至于投资额外的资源就是浪费。如果失败会让你损失资源，尽量损失得少一些。将你从"坚持和适应"的心态转变为"接受和学习"的心态。做这种改变就像问一个新问题一样简单。

不要问"我现在该怎么办？"，而要问"我下一步该做什么？"

- 危机可预测吗？

- 危机可以预防吗？

- 是否可以以某种方式缓解危机？

- 就你现在所知道的，你有没有做过什么不一样的事？

- 你将来可以做些什么，降低危机再次发生的概率吗？

- 危机再次发生是否足以让你采取这些措施？

在危机已经降临且无法转圜时，拥有符合实际的目标就会使你显得更强大、更明智。接受失败的事实，但不要沉溺于悔恨。要从经验中学习，而不是责备自己或指责他人。

五

由内而外

　　你已为时间管理做了充足的准备，掌握了足够的技巧，可以正式开始构建你自己的系统了。你现在有能力创建一个可以提升工作效率的系统，能让你工作有条理，分清轻重缓急且精力集中，让你成为"时间大师"。你可能会因为选择过多而不知所措。也许你会感到害怕，因为你必须做很大的改变，或者你不确定该从何开始，这都很正常。不要让情绪阻碍你开启时间管理的旅程，因为这种方式对工作十分有效。我保证最终结果一定值得你现在的付出。

　　虽然现有的成功的时间管理系统各不相同，但它们有四个共同特点：有效、可扩展、灵活、可持续。在本章中，我们将探讨如何为自己量身打造一个具备以上特点的时间管理系统。

"周五的总结"

现在我们一起来重温一下本书中每章开头的人物故事——切尔西、米奇、迈尔斯和梅尔，看看他们采取措施改善时间管理之后，现在表现如何。

切尔西

格雷格坐下时，切尔西最后检查了一遍自己的笔记。距离那次极为难堪的绩效评估已经过去一个月了，她很高兴能向格雷格汇报自己的新情况。她向格雷格承诺过，一定会解决自己的时间管理问题，现在她已经有了进步。

有些变化很简单。她修改了通知设置，就解决了迟到的问题。切尔西没有再将闹钟提醒设为会议开始的时间，而是改为会议开始前十分钟。从那以后她就再也没迟到过。

提高工作准确度则要稍难一些，但她也在不断进步。她请另一位团队成员杰西在她提交任务之前，帮她校对她要交的材料。她担心会打扰对方，所以她提出也帮杰西校对材料。现在他们互相校对材料已经成为习惯，既改善了工作质量，又增进了同事间的关系。

米奇

米奇感到很兴奋，因为他即将再次迎来每周与阿里尔的会面。自从他舍弃了那个破旧的笔记本，开始使用阿里尔推荐的应用程序以来，他就没有再错过任何一节课或工作约定。

他仍然会将纸质笔记本放在手边，但只用来做短期笔记。所以，即便他把笔记本忘在家里，也没有引发事故。在某项任务或约定的时间需要更新时，他不用再划掉或重写了。

最重要的是，他终于可以一目了然地看到自己所有的任务了。虽然他看到自己还有很多事情要做，但现在他感觉，安排任务很简单，更新任务也易如反掌。米奇感到，阿里尔办公室里的那堵荣誉墙没有那么遥不可及了。

迈尔斯

尴尬的计划会议结束后，迈尔斯问茜茜，他们能不能谈谈他手头的这些工作。他知道有些任务超出了自己的职责范围，但他不知道该如何拒绝这些任务。

茜茜首先重申了公司的目标，指出用户体验团队要如何迎合公司目标，以及迈尔斯的工作为什么很重要。他们查看了迈尔斯的待办事项列表，迈尔斯感到震惊。因为他甚至都没有意识到，他竟然承担了那么多与自己的工作无关的任务。

茜茜重申了她在计划会议后提出的观点。"专注于自己的工作，优先考虑自己的工作，别人的事情等着也没关系。如果有人对此有异议，可以让他们来找我。"

迈尔斯现在还不能毫无顾虑地说出"不"字，但他可以越来越自然地说出"我现在没有时间"了。

梅尔

梅尔在和最后一位嘉宾告别时，心里暗暗舒了口气。第六次研讨会结束了，现在她感觉自己已经是专业人士了。她的秘密武器——突发情况应急计划，又救了她。这一次，因为停电，餐饮供应商在最后一分钟爽约了。于是梅尔临时点了比萨，而客人们从未发现有什么问题。

现实生活似乎总是想方设法给她设置新困难。但梅尔有了应急计划，什么困难都难不住她。她举办了这么多场活动，经验丰富，她总有办法让研讨会顺利进行下去。

尽管如此，当罗伯特让她为新观众设计一场新的研讨会时，她还是感到惊讶，因为研讨会的主题是教她的同事如何举办完美无缺的活动。

现在重新评估吧

我经常遇到过分急切的客户，他们非常兴奋地想要开始工作，并立刻看到结果，所以他们想跳过评估这一步。而往往这些客户在时间管理过程中遇到的困难最多，也最有可能在达到目标之前放弃。他们经常无法集中精力做一件事，总是不耐烦地更换各项技巧。他们有时会在短时间内经历太多变化，然后精疲力竭，就放弃了。他们经常会一边处理自己出现的问题，一边疑惑为什么没有取得想要的结果。但以上这些问题都可以预防。

有的客户能够在最短的时间取得最理想的结果，他们都是愿意反思的人。他们一定会花时间弄清楚为什么、是什么和怎么做。在前面的四章中，你已经知道了为什么总是会出现一些特殊的困难，了解了哪些技巧有用。你甚至可能已经开始运用其中一些技巧了。但是在你开始建立自己的时间管理系统时，一定要花一些时间来了解自身状况。这样才能确保你付出的所有努力都是朝着正确的方向，而没有白费。

再次回顾导致你出现问题的深层原因

你可能已经注意到，有一个主题贯穿了整本书，那就是坚持不懈。改变很困难，需要你付出努力，而从努力挣扎到取得成功的道路往往不是一条直线。这就是为什么明确时间管理的真正目的如此重要。等你明白了为什么想要提高时间管理能力之后，你才更有可能成功。

回想一下你是如何克服人生中最困难的挑战的。当时的你，要么别无选择只能挺过去，要么有充分的理由想要争取到更美好的未来。你可以选择继续像以前一样管理时间，但因为你的工作效率问题，你可能只能得过且过，或者找一份新工作。但这种生活太悲惨了，如果你想继续这样下去，你就不会拿起本书了。

你需要一个很好的理由推动你努力改善时间管理能力。而你在第一章的深层原因练习中就应该找到了这个理由。回顾你之前给出的答案。它们还能引起你的共鸣吗？根据你所学到的内容，你需要调整这些答案吗？你需要做到以下几点。

1.描述当下的状况。

2.描述它对你的影响。

3.描述你为什么要改变现状。

4.将针对以上几点的回答整合成一个句子，得到你出现问题的深层原因。

在构建你的时间管理系统并将其落实到位时，请始终将你的深层原因牢记在心。无论是进展顺利还是遇到困难，都要经常回顾深层原因，给自己以动力。

给深层原因一个实体

我建议你想一个办法，让深层原因在你的生活中实体化。我的意思是，可以用一幅图像，一句咒语，或一个物体代表你的深层原因，并将它放在你的办公桌上或你周围，让你每天都能看到它。我有一位客户，她的深层原因与经济上的成功相关。于是，她用杂志上剪下来的图片做了一个激励板。每一张图片代表她实现目标后生活的一个方面。她把激励板挂在办公室的墙上，每天都摸一摸。

还有一位客户的深层原因与陪伴家人有关。他决定将漫画中拥有超级速度的英雄作为激励自己的榜样，帮他专注实现这个目标。他把这个漫画英雄的玩偶放在办公桌上，旁边有一张他和孩子玩耍的照片。玩偶和照片会不断提醒他提高工作效率，不要浪费陪伴孩子的时光。

　　代表深层原因的象征物或仪式不必很复杂。它可以很简单，比如每天早上在日记中写下一句话。每天给自己提醒是一个强大的试金石，让你集中精力，即使身处困难时期也能做好准备。

对挑战进行优先排序

　　你在时间管理上面临的挑战并不简单。如果很简单，你早就解决了。这些挑战都是很大、很棘手、很复杂的问题，要改善往往需要很长时间。这些问题可能会相互放大，导致整个局面混乱不堪、令人生畏。而且你不可能同时解决这些问题。但如果你给他们优先排序，首先解决影响最大的问题，然后你就能稳步解决所有问题了。

　　在第一章中的"用笔写下来"活动中，你回顾你最近一周遇到的所有时间管理问题。现在，回到你的笔记，根据这些问题发生的频率和影响程度给它们一一排名。那样你就有了一个新的排序列表，看看列表中是否有什么潜在的规律。排名靠前的几个问题与什么有关？干扰？混乱无序？没有优先顺序？还有别的吗？如果相关，那么这个主题就应成为你的第一关注点。

这意味着你必须能够接受列表上的一些问题在短期内仍无法解决。对于一些人来说，把东西弄坏的想法可能会让他们感到有压力。令人欣慰的是，使问题相互放大的动力反过来也可以发挥一点积极的作用。在你解决首要问题时，你会发现次要问题也会减轻。

一位名叫朱莉娅的客户想减轻自己的拖延症。于是她利用时段法来规划每一天，让开始做任务成为一件简单的事。在她的拖延症减轻的同时，她发现她的工作也完成得更快、更好了。她还注意到她似乎受干扰影响的频率也降低了。

她专心解决拖延问题，无意中却提高了工作的准确度、速度，以及自己的专注力，而这些都是时段法带来的变化。

最开始，选择一个或两个最紧迫的问题来解决。你在运用时间管理技巧时，也会看到自己在其他领域的进步。这时，一旦你达到了阶段性目标，就可以将注意力转回到你的挑战列表上，解决后面的问题。

制定SMART目标

既然确定了首要任务，就制定一个SMART目标来帮助自己解决问题吧。在第三章中，你了解到SMART目标是指具体的、可衡量的、可实现的、相关联的、有时限的目标。它是对你的目标和计划的简要总结，对你的成功至关重要。

朱莉娅为缓解拖延设定了一个SMART目标，这个目标指引她运用时段法，还给她带来了其他好处。经朱莉娅许可，我将其分享在此。

"我避免拖延的办法是将最重要或最困难的任务分配到深度工作时段，少于五分钟的任务立即处理。一天工作结束时，我会将第二天的任务分配到各个时段，并每天以1到5分对自己的拖延程度进行评分。"

关于朱莉娅的SMART目标，有这几点值得注意：

- 不含糊。要明确阐述目标，以及如何实现这一目标。

- 预防性。预防是重中之重。要明确需要提前采取什么措施来避免拖延。

- 不消极。目标具有前瞻性，往往是以乐观的态度制定的。

- 不虚幻。这种目标是渐进性的，所以她有犯错误的空间，可从错误中成长，再犯，再成长。她没有必须完美完成任务的压力。

精心设计好SMART目标并不意味着在实现目标的过程中你也能一帆风顺。朱莉娅在实践过程中仍面临挑战和挫折，但因为她做到了这两点：牢记自己的深层原因，设定SMART目标。所以她更容易坚持下去，获得成长。因为朱莉娅为自己设定了SMART目标，消除了曾阻碍她进步的所有心理陷阱，所以最终她改善了自己的时间管理能力。

制定一个SMART目标，将其重点放在最紧迫的时间管理问题上。在整段时间的中间和末尾各设置一个时间点用于评估、修正。通过评估，你可能会发现你选择的技巧不太适合你，需要调整。不过没关系，不管当下有没有起作用，你学习了就一定有用。

从一到三种技巧开始

即便你当前正处于时间管理危机之中，你也不应当过分追求速度。我希望你的时间管理之旅可以持续下去，我不想看到我的客户"以光速出发"，然后很快耗尽能量。我也不希望你这样做。

你现在遵循的时间管理行为是你一生都要学习和强化的习惯。你不可能因为读了一本书，就完全变了一个人。你的问题是慢慢形成的，所以你也要慢慢地瓦解它们。你如果有耐心并能坚持不懈，最后总能改善这些问题。以下是教你如何开始的方法。

- 选择一到三种技巧或方法，先尝试解决首要时间管理问题。对于初学者来说，一次更换一到三个技巧是可以接受的。
- 确保你更换后的技巧或方法都与你的首要问题相关。
- 检查更换后的各个技巧是否能以不同的方式解决首要问题，以及是否处于不同的难度级别。你选择的技巧越难，开始时用的技巧就应该越少。

举个例子，假设你想减少你的个人生活对工作的干扰。有很多方法都可以解决这个问题：提前一小时起床，提前二十分钟去上班或开始工作，每天下午五点离开办公室或停止工作。完成这些任务都很困难，但它们针对的问题是一样的：如何安排你的时间。想要一次做到这三点会让人压力很大，而且最终一定会失败。

不过，你可以选择一个困难的、与时间安排相关的任务，然后将其与两个不相关的、不太困难的任务组合起来。你可以选择：下午五点下班或停止工作，和你的伴侣共同执行新的工作时间沟通界限规则，每两周做一次心理咨询。这三项任务可以改善你的个人生活对工作的影响。但这些任务的难度各不相同，还涉及不同的技能、习惯和生活方式。这样做带来的变化才更持久。

你会选择哪三项任务呢?

既然明确了你的深层原因，确定了优先顺序，设定了SMART目标，选择了要运用的技巧,那你的计划就有了大致轮廓。在下一节中,我们将为它填充细节，让你知道具体该怎么做才能取得进展。

制订计划

计划不仅仅是你打算执行的一系列技巧。计划是一台由运动部件组成的机器，各部件协同合作，让你达到理想的目标。计划要因人而异，体现你的所求和所想。在我们探讨的过程中，找到适合你的方式、时间和对象，记录下来。

在本节中，我们将用头脑风暴的方式，一起讨论一些常规方法，你可以从中选择。所以，无论每一天会发生什么，你总能做一些可以让自己进步的事。我们将把你的最终目标分解成更小的阶段性目标，这些小目标也需要你鞭策自己才能实现，但也不会遥不可及。最后，我们将找出最有可能在这段旅程中帮助到你的人，让你有受到支持的踏实感。

从技巧到实践

每一天的生活都不一样。有些时候，我们会感觉朝着目标前进很容易。但有些时候，我们又觉得不可能实现目标。这是很正常的。即便是我，一个专门帮助人们提高工作效率的生活教练，有时也会感觉自己选择的实践方法太难了。所以，一定要把你的技巧变成实践清单，这一点非常重要。

如果你对成功的定义过于狭隘，或对通往成功道路的想法过于刻板，你就很难应对生活中的混乱。糟糕的一天会让你觉得自己很失败，让你想要放弃，即使这并不是你的错。实践清单可以让你的方法更加灵活。你可以在美好的日子里多做一些，糟糕的日子里少做一些，同时又不会失去动力。如果你的清单设计得很好，即使是在你最糟糕的日子里，你也有事可做。

那么你的清单上应该有什么呢？这取决于你的目标。在理想情况下，您会选择哪些技巧？这些技术是否有精简版本，可以为你节约资源（虽然所用的资源不会对结果产生重大影响）？在制作清单时，请记住你的目标是：为你选择的技巧制作一个可以通用的版本，让你在任何情况下都可以运用实施，而不是寻找捷径。

第一章中的切尔西，她始终在追赶最后期限，她可能选择的技巧是在下班前为第二天的工作做准备。理想情况下，这项技巧将包括：

- 在下班前三十分钟停止工作，做第二天的工作准备；

- 给未完成的任务重新安排优先顺序和时间；

- 检查第二天的会议安排；

- 将第二天的任务添加到日程表上，安排好具体时间；

- 整理工位，为第二天的第一项任务做准备。

这项技巧让切尔西收获了成效满满的一天。但她不可能每天都有三十分钟的时间来做这件事。如果她只有十五分钟、五分钟，或只有一分钟，她该怎么办呢？如果她的清单包含了这些情况，那她就必须为第二天做准备。

如果她只有十五分钟，她可以跳过整理工位和为第二天的任务安排时间这两项。如果这一天忙得不可开交，她只有一分钟的空闲时间呢？这是最坏的情况了，她可以挑出第二天最重要的任务，把它写在便利贴上，贴在键盘上作为提醒，这些事情可以在一分钟之内做完。

思考一下你选择最先开始使用的时间管理技巧。这些技巧是否有更简单或资源需求更少的版本呢？尽可能多写一些你能想到的版本。随时准备好你的清单，在遇到困难时可以参考查阅。多多实践之后，你就可以很自然地调整技巧来适应当下状况了。

从实践到阶段性目标

你的实践清单可以确保你的动力总是在增长。但应朝什么方向施展动力呢？如果你的目标很宏伟，那么它需要一定时间才能实现。这样一来，即使动力满怀，你仍会失去耐心。

从纽约开车到洛杉矶是一段长达四十多小时的漫长车程。1981年的美国电影《炮弹飞车》（*The Cannonball Run*）让这段路程看起来充满了乐趣，但对我们大多数人来说这段路途还是很让人难受。匹兹堡位于前往洛杉矶的路上，从纽约驱车前往只需要六小时。那么，把匹兹堡作为第一个目的地不是好吗？

你的时间管理之旅和四十小时的越野一样激烈。但是，你如果把你的目标分解成阶段性目标，就能轻而易举取得胜利。如果总有目标在望，即使不是最终目标，也会更容易不断地鞭策自己。

切尔西的目标是始终能按时提交无错误的工作成果。她要想实现这个目标，则需要对自己的工作方式进行大规模更改。但如果她把这个大目标分解成彼此互为基础的多个阶段性目标，她就总能感受到自己在进步。她的阶段性目标规划图可能如下所示：

起始状态：开会迟到、错过最后期限、在工作中出现错误；

阶段性目标1：始终有序地安排任务和时间；

阶段性目标2：按时完成所有任务；

阶段性目标3：完成的所有工作都没有出现纰漏；

最后一个阶段性目标：始终按时、无纰漏地完成工作。

设置这些阶段性目标并不会限制切尔西在其他时间管理问题方面的能力。这只是让她集中精力，保持乐观和积极的态度。一开始，她只会专注于让自己的安排井然有序。但她付出的努力自然而然地降低了她迟到的频率。

随着切尔西的组织安排能力有了提升，她会注意到似乎有什么阻碍了她按时完成工作。一旦达到第一个阶段性目标，她就可以更好地前往下一个。她在努力按时完成工作的同时，还会发现自己犯错误的原因，从而为她成功达到下一个阶段性目标奠定基础。

想想你在匹兹堡停留的意义是什么？你设置的阶段性目标应该具有足够的挑战性，让你必须努力才能实现，但也要在你的能力范围之内。各个阶段性目标应该建立在彼此的基础上。实现一个目标应该能让下一个目标变得更容易；环环相扣，直到你达到最后一个阶段性目标；这时，你的大目标也就完成了。

小贴士：组建你的助力团

虽然你可能不在团队中工作，但你也不可能完全独立地工作，就像在真空中一样。而你所做的工作、工作的方式都会影响到他人。

谁应该进入你的助力团？

- 你的老板或同事。

- 被动工作的旁观者（比如其他部门的人）。

- 朋友和家人。他们最了解你。他们可以鼓励你或给你带来挑战，且往往是以同事无法做到的形式。

- 专业人士。像我这样的教练可以提供更多改善现状的系统模式、建议和保障机制。

- 网络意见领袖或社群。可以关注那些专注时间管理的博客、社交媒体账户和线上社区。

如何组建你的助力团？

- 和你身边这些人谈谈你想要改善时间管理能力的愿望。

- 告诉他们你的计划，并寻求他们的支持、建议和鼓励。

- 不要回避寻求帮助的过程。

如何克服对承认自身问题的恐惧?

女性篇: 我的女性客户之所以不寻求帮助,往往是因为她们担心会给别人带来不便。不要把自己当作麻烦,给别人帮助你的机会。最坏的结果也只是被拒绝罢了。但没关系,在这种情况下,你已经从这段关系中学到了一些重要的东西。

男性篇: 我的男性客户之所以不寻求帮助,往往是因为他们害怕尴尬或不想示弱。寻求帮助并不是软弱的表现,它代表你认真、敬业。同时,这个机会也可以让你和对你有帮助的人增进关系。

有什么回报?

还记得切尔西和她的材料校对搭档杰西吗?切尔西也担心自己会打扰他人,但还是决定寻求帮助。她发现杰西也需要有人帮她校对。所以,切尔西就获得了一个盟友,她自己也成了杰西的盟友。

放手去做

不要再等了。现在就下定决心，努力提升时间管理能力，不是短期的，而是永久的。你以前可能感到陷入困境、不知所措或感到焦虑。下定决心抛弃原来的那个自己。你以前可能对自己感到失望，对自己尚未开发的潜力感到失落。下定决心，不再做那样的自己。

你可能曾一再拖延，把自己拖入一个又一个危机。你可能曾因为干扰而分心，浪费了整整一天。你可能曾在同事中有过不太好的名声。如果你把这些时间都加起来，可能已经在无关紧要的任务和没用的技巧上浪费了数年时间。

现在，下定决心，你已告别这一切。现在，你可以在没有时间压力的情况下做你引以为傲的工作。你可以提高工作效率，达到自己的目标。你拥有了所有的工具和策略，而且已经制订了属于自己的计划。那现在，你可以正式开启你的旅程了。你有能力成为"时间大师"。你所要做的就是启程，不要放弃。

专注的力量

用专注力来帮你渡过人生路上的难关。有时间管理问题的人对焦虑和压力并不陌生。这些情绪在过于强烈时，会降低你的工作能力，浪费你更多时间。当你在时间管理的旅程中感到有压力时，以下三个方法可以帮助你平静下来。

- 3×3呼吸法。深呼吸可以降低体内应激激素的含量。试着用鼻子吸气，屏住呼吸，用嘴巴呼气，然后保持无气息状态。每一步停顿三秒，重复做三次。

- 基础练习。在三十秒内用你的感官"扫描"你周围的环境，让自己完全沉浸在当下。注意周围的细节，在脑海中用完整的句子描述出来。

- 感恩。过分关注我们所期待的、不一样的东西会让我们不快乐。不如每天花一点时间感恩美好的事物。如果你感到迷茫，请记住，活着本身就值得感恩。

使其持久

本书剩下的部分主要内容是帮助你坚持下去。在你将计划付诸行动的过程中，你会经历胜利和挫折。只要你不放弃，你就能取得你所希望的进步。但是怎样才能克服开头的苦难，在过程中大步前进，最后取得胜利呢？这完全取决于你的心态。

在本书中，我将你改善时间管理能力的过程称为"一段旅程"。将你的计划视为"路线"，将技巧视为"交通工具"。你的心态就是"燃料"。如果能保持心态健康，你就能更容易开启旅程、坚持前进并迅速恢复活力。

在本节中，我们将探讨三个让你避免放弃的关键技能，助你实现你的时间管理目标。

培养动力

"我怎样才能保持动力呢？"这是我指导的客户问我的最常见的问题。这是一个容易理解但有误导性的问题。动力是一种感觉。无论我们多么想控制住情绪，情绪总是随意来来去去。我们只能感受情绪，回应情绪。

你不能有"打开动力"这个行为，就像你不能"打开快乐"或"关闭悲伤"。但当有人问如何保持动力时，他们想做的，正是"打开动力"。这就是动力谬误。动力不能制造，但可以培养。

你可以为自己设想一个情境，那样更有可能产生自发的动力。实现这一目标的方法在本书中随处可见，我们来回顾一下。

- 与深层原因联系起来，让你感到自己的努力有意义。
- 设置SMART目标，让自己清楚地了解你自己想要实现的目标。
- 让周围的人和群体都鼓励你，帮助你。
- 避开让你沮丧或阻碍你发展的人和群体。

虽然这些办法提升了自发动力产生的概率，但也并不能保证一定会成功。如果无法产生自发动力，你会怎么做呢？

田纳西大学诺克斯维尔分校和得州农工大学的研究人员在2019年做的一项研究发现，微笑这个简单行为可以让人感到更快乐。同样，仅仅是开始做某件事同样可以让你感到有动力。一旦开始了，就更容易坚持下去。就像微笑让你更快乐一样，开始会让你更有动力。

在没有动力的情况下开始执行一项任务需要意志力。你的任务挑战性越强或越让人不愉快，就越需要更多意志力。意志力是一种有限的资源。就像其他思考型任务一样，意志力会消耗你的精神储能。如果你不得不耗费过多意志力来挺过某一天，你就会感到筋疲力尽，最终无法完成任务。幸运的是，意志力的消耗是可以预防的。

如果开始做某件事对于你来说很困难，你感受到自己在拖延，那么试着找到阻力的来源并消除它。我称之为"清理跑道"。随着时间的推移，你会开始注意到你所受阻力的类型以及有帮助的措施类型。

"清理跑道"的五个方法如下。

1. 让你的选择有目的。拖延通常是一种被动的选择。观察并说出自己的想法和感受，说出你希望它们如何影响你，然后做出有目的的选择。

2. 将大项目分解为更小，更容易的任务。这个方法可以帮助你重新规划任务，使其不那么令人生畏。确定你可以做到的一个小步骤来推进任务，全心全意执行这个小步骤。

3. 只要五分钟。努全身心地投入工作五分钟。如果五分钟之后你想停下来，那就允许自己停下。但最有可能的是，你会想要继续工作。

4. 扭转你的注意力。不要专注于拖延所带来的舒适，也不要专注于避免行动所带来的不适。反过来，想想拖延的坏处和行动的好处。

5. 清除杂乱。混乱的环境会让我们的大脑更难理解环境的影响。涌入的信息太多时，我们会感到不知所措或疲倦。设置一个计时器，看看你能在十分钟内整理多少东西，然后开始工作。

保持韧性

挫折是不可避免的。问题不在于挫折是否出现或何时出现，而在于你是否会屈服于挫折，从而放弃你的目标。认为挫折肯定会出现的观点似乎有点悲观。但这种悲观会迫使你采取积极主动的方法来增强自己的韧性。韧性可以帮助你适应压力、变化和失败。根据我的经验，最具韧性的客户善于保持两种态度：成长型思维和初学者思维。让我们来探讨一下为什么这两者都很重要，以及如何开发这两种思维。

成长型思维

成长型思维是心理学家卡罗尔·德韦克（Carol Dweck）首创的一个概念。在研究儿童学习时，她发现面对失败，有些人泰然处之，而另一些人却悲痛欲绝，然后放弃。坚持下来的孩子和选择放弃的孩子之间的区别在于他们对自己的信念不同。

有韧性的孩子相信自己可以进步，相信通过练习能让自己变得更好。他们相信自己的能力会提高。选择放弃的孩子们认为，无论他们多么努力，他们永远不会进步。他们相信自己的能力是固定的。

如果你以固定的心态来看待自己的时间管理，你会把挫折归咎于你自己和你的能力（不足）。但如果你形成了成长型思维，你会把挫折看作通往成功之路的又一步。相信通过实践，尤其是在你失败时，你的时间管理能力会有所提高。

初学者思维

"初心"（Shoshin）是佛教禅宗的核心概念。我在这里将它翻译成"初学者思维"。拥有初学者思维的人持有的观点是无论你知道多少，总是有更多的东西要学习，即鼓励你以开放的心态学习。对于你正在实践的事情，初学者思维要求你寻找并质疑一切相关的假设和先入为主的观念，避免切断新的学习途径。

这种愿意质疑的态度不是来自怀疑，而是来自好奇。在理想的情况下，初学者思维使学习变得更有趣。面对失败，初学者思维让你对自己有同理心。它能让你从远处看待失败，将挫折视为学习的机会，去思考为什么会出现挫折，而不是责怪自己。

坚毅力

坚毅力是指你坚持不懈地为长期目标服务的能力，尤其是在实现这些目标需要克服逆境时。成长型思维和初学者思维有助于培养你的坚毅力。那你要如何才能养成这些思维习惯呢？

寻求盟友的鼓励。

找一到两个你信任的"啦啦队员"为你加油，告诉他们你想要实现的目标。你可以在他们面前变得脆弱，在痛苦时与他们分享交流。这些值得信赖的朋友可以给你鼓励，想法和责任感。

有建设意义的自我对话。

你可以反思自己需要改进的地方，但千万不要误会自己。你本人并不等于你犯的错误。你可以为挫折感到难过，但不要让自己沉溺于悔恨之中。消极的自我对话是成长型思维的敌人。情绪低落时，回想一下过去你克服的困难。把这些经历当作你能重新振作起来的动力。

发挥你的潜力

工作是我们身份认同的核心部分。每个人都希望自己的工作是有意义的。我们是否感觉自己做的工作很重要，取决于我们在工作中是如何利用时间的。你是在做重要的事情，还是在原地打转？你工作的方式有助于公司成长吗？有助于你自己成长吗？

生活就是时间管理中的练习，因为时间是你拥有的最宝贵的资源。你不知道你有多少时间，但你知道你拥有的时间永远不会变多。你的任务就是明智地利用时间。利用时间来产生影响，成为你想成为的人，发挥你的潜力。

回首过去，你可能会为你已度过的时光感到遗憾。你可能会指出，有些时刻你本可以做得更好，可以做不同的选择，可以专注于更重要的东西，可以戒掉坏习惯。你本可以做很多事情，但现在这些都不重要了。你想象中的自己也会羡慕现在的你。

你知道如何应对干扰和混乱；知道如何安排自己的一天；知道工作中什么最重要；知道如何利用科技使自己有序且专注；知道如何管理自己的情绪，不会放弃目标；知道如何处理突发状况。

当你第一次打开本书时，你对工作的感觉大概是：无序、焦虑、不知所措。学习了时间管理策略后，你对工作的看法是：流畅、清晰、专注。你想象一下，如果你是"时间大师"（即便只是一瞬间），你会如何看待工作。

这种感觉不一定是想象出来的，也可以是真实的。我相信你能做到；我相信你很强大；我相信你能取得伟大的成就；我相信你能掌控自己的时间。你所要做的就是和我一起相信自己的能力。

参考文献

Evans, G. W., and D. Johnson. "Stress and Open-Office Noise." Journal of Applied Psychology 85, no. 5 (October 2000): 779–783. doi.org/10.1037/0021-9010.85.5.779.

Fiebelkorn, Ian C., Mark A. Pinsk, and Sabine Kastner. "A Dynamic Interplay within the Frontoparietal Network Underlies Rhythmic Spatial Attention." Neuron 99, no. 4 (August 22, 2018): 842–853.doi.org/10.1016/j.neuron.2018.07.038.

Leather, Phil, Diane Beale, and Lucy Sullivan. "Noise, Psychosocial Stress and Their Interaction in the Workplace." Journal of Environmental Psychology 23, no. 2 (June 2003): 213–222.doi.org/10.1016/S0272-4944(02)00082-8.

University of Tennessee at Knoxville. "Psychologists Find Smiling Really Can Make People Happier." ScienceDaily. Published April 12, 2019. ScienceDaily.com/releases /2019/04/190412094728.htm.

致　谢

首先，我要感谢我的爱人，蒂姆·格林伍德（Tim Greenwood）。我写本书时还在全职工作，其间要做教练，搬家，还要与网飞合作拍摄纪录片。当时我沉浸在我的创作中，心情如坐过山车一般早已到了九霄云外，是蒂姆帮我处理好了所有事情。没有他，我不知道我该如何自处，当然也就不会有人给本书做最后的润色了。

如果没有我妈妈让·加文（Jean Gavin），我根本就无话可写。她一直在鼓励我，让我从一个疯疯癫癫、患有多动症的孩子变成了现在优雅、生活井然有序的我。她始终是我的"啦啦队长"，她对我的信任影响了我的一切。

我不知道我是否应该感谢我的狗，翼龙和潘多拉，因为它们的主要作用是让我分心。不过它们似乎确实是时间管理方面的专家。它们每天都提醒我散步、睡觉、吃零食，坚持为我带来幸福生活。

我的编辑卡罗琳·阿巴特（Carolyn Abate）是个宝藏女孩。她的灵活应变、幽默风趣和丰富经验都让我们合作的过程变得更容易、更充实。

最后，我必须感谢每一位我曾指导过的客户。为你们提供帮助是我的乐趣所在，是我的目标。你们对自己的信心，在我们的合作过程中表现出来的求知欲，大胆设定的目标，以及为了实现成功而克服逆境的勇气，给我带来了无尽的鼓舞。